AROMAS DE PUEBLO

ExLibric

JOSÉ ALGAR BURGUEÑO

AROMAS DE PUEBLO

EXLIBRIC
ANTEQUERA 2024

AROMAS DE PUEBLO
© José Algar Burgueño
Diseño de portada: Dpto. de Diseño Gráfico Exlibric

Iª edición

© ExLibric, 2024.

Editado por: ExLibric
c/ Cueva de Viera, 2, Local 3
Centro Negocios CADI
29200 Antequera (Málaga)
Teléfono: 952 70 60 04
Fax: 952 84 55 03
Correo electrónico: exlibric@exlibric.com
Internet: www.exlibric.com

ISBN: 978-84-10297-58-6
Depósito Legal: MA 2282-2024

Impresión: PODiPrint
Impreso en Andalucía – España

Nota de la editorial: ExLibric pertenece a Innovación y Cualificación S. L.

JOSÉ ALGAR BURGUEÑO

AROMAS DE PUEBLO

Cuida, vive, ama tu pueblo,
lugar delicioso y distante al que amo como propio.

A mi aldea, en la distancia

Intuye qué lugar le corresponde.
Exhibe el señorío de esa dama
que, asistida de la mejor proclama,
sus raíces hunde quién sabe dónde.

Al nombre de Cuevas Altas responde
la villa más hermosa y más ufana,
de cuantas en esta tierra serrana
presume una arrogancia que no esconde.

Grandes son sus afanes y su gloria,
más lo fueron las gentes que marcharon
a otros lugares para hacer historia.

Pero, al volver, confiados, se encontraron
que la feliz aldea en su memoria
no era igual que aquella que dejaron.

Porque la que dejaron
era humilde, sencilla y soñadora,
pero ahora es artera y rompedora.

Introducción

Como a cualquier persona que se precie, a mí siempre me pudo el valor de la tierra, lo próximo y cercano que, para un servidor, siempre fue y han sido las raíces, el lugar donde mis ojos vieron la luz primera.

Dicen que somos de ese sitio donde están nuestras raíces y, también, de donde desarrollamos actividad y vivencias. Pues bien, en este contexto, yo me encuentro con cierta ambigüedad, más bien con algo de desconcierto, caos o confusión por la diversidad de lugares en que he vivido.

Vivido, sí, estado o coexistido, que es de eso de lo que se trata, de convivir e interactuar con el resto de las gentes con las que, de por vida, nos relacionamos.

A lo anterior me remito cuando en mis versos vengo en referirme a situaciones dispares, y otras semejantes de mujeres y hombres de diferente tipo y condición, así como a personas con las que los lazos de relación o dependencia difieren mucho unos de otros; en ningún caso son los mismos.

A veces, es el amor; otras, la amistad e incluso lo contrario, tal vez, o la política y el territorio al que estamos adscritos, o nos vemos vinculados por circunstancias de nacimiento, estudios, trabajo, etc.

No sabría qué más decir, si no es lo de empezar a presentarme y presentarles lo que el fruto de mi trabajo y mis desvelos ha dado de sí. De modo que no tengan muy en cuenta mis errores o mis delirios, y juzguen con imparcialidad y compresión lo que les presento.

Sí, quiero decirles que tanto la composición como el relato es pura fantasía. Delirios, como decía, de mi entrecejo que, a veces, y no siempre, tendrán algo que ver con lo que los lectores de este libro de él esperan. Sin embargo, como pueden comprobar, no todo es pura ficción, ya que en muchas ocasiones el corazón te puede y pone los sentimientos al descubierto, por lo que la actividad real de la villa de Cuevas de San Marcos queda plasmada de sobra en este libro. Es, por eso, por lo que creo que de lo hondo del corazón de cada persona es de donde aflora lo bueno y lo mejor de cada uno.

«Hombres del campo, hechos al polvo y a la pena, con la copla sin alegría, pardos, contra el suelo, surco va, surco viene, ya al arado, ya a la hoz o al azadón uncidos a la tierra, nobles hombres del campo, en el olvido y en la desesperanza».

Las cosas del campo,
José Antonio Muñoz Rojas

Prólogo

Si redactar un prólogo es, siempre, una tarea difícil, más lo es aún, cuando se trata de hacerlo para un libro de un amigo y, encima, si su contenido se refiere al pueblo en el que los dos, autor y prologuista, hemos nacido, vivido y compartido muchas vivencias juntos. Según la preceptiva clásica, un prólogo «es un texto que antecede a una obra escrita y le ofrece al lector dos elementos: una introducción y un primer acercamiento al contenido de la obra. El prólogo debe aportar información técnica, académica o especializada y, también, personal, de índole más íntima. Igualmente, información adicional que pueda aclarar los aspectos más oscuros del autor o de la obra». Y a ello me atengo.

Ambos nacimos el mismo año, 1944, en plena Guerra Mundial, en los años duros de la posguerra española, mal llamada «civil», años de las cartillas de racionamiento; año en el que se administró por primera vez la penicilina, que tantas enfermedades ha curado desde entonces; año en el que los aliados liberaron París; año en el que uno de los más destacados poetas de la Generación del 27, Dámaso Alonso, publicó uno de los libros más interesantes y desgarradores de nuestra literatura y que algunos de sus poemas —«La madre», «Mujer con alcuza», etc.— tanto nos recuerdan los duros años pasados en nuestra guerra civil. Guerra que nos marcó, aunque no la vivimos, pero sí sufrimos sus consecuencias.

Ambos asistimos a la misma escuela, la de don Juan Garrido, y tuvimos la gran suerte de recibir una formación académica muy buena, porque nuestro maestro se esforzó en nuestro aprendizaje. No recuerdo haber cantado nunca en sus clases el famoso «Cara al sol», pero sí «Gibraltar, Gibraltar». ¡Cuántos dictados, comentarios y lecturas hicimos de la mejor novela de todos los tiempos, *Don Quijote de la Mancha*! Ambos también tuvimos la gran oportunidad —de ello habla en su libro— de formarnos, durante nuestro Bachillerato, en el Seminario Conciliar Diocesano de Málaga. «Era lo que tocaba», afirma, porque se dieron varias circunstancias que no creo se vuelvan a repetir nunca más: Un pueblo devoto, unas familias muy interesadas en que alguno de sus hijos fuese ordenado sacerdote, la casualidad de que el rector del Seminario, don Antonio López Benítez, luego arcipreste de Antequera, fuese de nuestra villa, y de que el párroco, don Enrique Martínez Ortega, antequerano, de una familia de peluqueros muy conocida en esta ciudad, acababa de venir de ser superior del Seminario. Aunque parezca increíble, hay un dato más que curioso: llegamos a coexistir en el Seminario, en el mismo año, hasta 48 seminaristas de Cuevas de San Marcos, hecho insólito. Allí tuvimos buenos maestros: don Tiburcio Martín, don Rafael Vela, don Alfonso Canales, don Rafael León, etc., que nos inculcaron el amor a las letras, a la literatura y a la poesía. Fruto de ello son, sin duda, los libros que nos viene ofreciendo nuestro amigo y paisano José Algar Burgueño y sus muchas poesías, con las que cada día disfrutamos leyéndolas en las redes sociales. Poesías que son granitos de arena y que le dan la razón a la Madre Teresa de Calcuta: «A veces sentimos que lo que hacemos es tan solo una gota en el mar, pero el mar sería menos si le faltara una gota», algo de lo que él y los que lo conocemos tenemos que sentirnos orgullosos. Poesías que, al no tener intereses retóricos, nunca se ha preocupado por su métrica y sus rimas y acentos, pero que agradan a cuantos las leemos.

Centrándonos ya en el estudio del libro Aromas de pueblo, tendremos que empezar por analizar el título. Según el diccionario de la Real Academia Española(RAE), por «aroma» debemos entender «una expresión de la imaginación», acepción de la que encontraremos muchos ejemplos en el libro. Pero también, y esta acepción me parece muy relevante para entender el título, «atracción que se siente por una persona», que yo modificaría, porque es lo más acertado, por las personas de un pueblo, o por un pueblo en general: Cuevas de San Marcos. Y si añadimos la definición de «aroma natural» como «extracción a partir de sustancias naturales sin modificación química alguna, que nos ayuda a contrarrestar el estrés, nos ayuda a relajarnos, nos estimula y nos ayuda a liberar energías nuevas», creo que definiríamos y comprenderíamos mejor el título. Porque nuestro pueblo ha tenido, y tiene, unos aromas que se nos han quedado en nuestros sentidos, sobre todo el del olfato, que, con solo recordarlos, nos retrotraen a épocas de entrañables recuerdos y vivencias. ¿Quién no recuerda el olor a espliego, romero, tomillo, manzanilla, poleo, té, carrascas, aliagas, retama, ramón, torvisco, encina, jaras, etc. que acarreaban nuestros campesinos para nuestras casas, o que los mulos de carga dejaban en la puerta de las tahonas para cocer el rico pan con el que nos alimentábamos? O ¿quién no echa de menos ese olor a matanza, en los meses despensa, como yo suelo llamarlos en mis escritos, noviembre y diciembre? O ¿no se nos hace la boca agua recordando ese olor de los ricos mantecados caseros, tortillas, roscos sosos, pan de cortijo, roscos de vino, que desprendían los hornos de nuestras tahonas en las vísperas de Navidad? O ¿los molinos aceituneros, en época de la recolección de las aceitunas?

¿No nos recreamos con esas alusiones a la romería de San Marcos, primero al puente de Armiñán y luego al pantano de Iznájar? ¿Quién no ha gozado degustando los hornazos, las pavas, con sus huevos duros, cocidos en el horno y esos roscos de huevo «encaretados» —así los llamábamos—, sin saber exactamente el origen de esa palabra y si está relacionada con la clara montada o merengue, o con careta, como algo que se ponía a los roscos para cambiarles su forma y darles mayor vistosidad y sabor? Creo, sinceramente, que el título no ha podido ser más acertado, ya que el libro nos penetra por los cinco sentidos y nos empapa de ese aroma que se desprende de nuestro pueblo, distinto en cada estación del año.

Centrándonos en el contenido del libro, podríamos decir que es una historia poética de Cuevas, ya que muy pocos, por no decir ninguno, de los aspectos principales que trata deja de hacerlo a través de su visión poética.

Empieza por sus elogios a nuestra villa: «Villa más hermosa y más ufana», «centenaria, elegante, acogedora», «lugar extraordinario, una perla», etc.; continúa con la descripción de sus olivos; de las costumbres de los aceituneros con sus capachas y sus ropajes tan característicos, a base de restos de pantalones remendados; de los muchos molinos de aceitunas —en Cuevas nunca los hemos llamado almazaras—; de las cosechas y su fiesta final, el «arremate» (sic); de las características de nuestra Semana Santa, tan distinta a la de hoy, pero tan peculiar entonces, con Carmen, la Portuguesa, cantando saetas desde la ventanilla de su casa; de nuestra Cueva de Belda y de sus leyendas; del desaparecido «Niño de piedra», posible menhir que ya nunca volveremos a tener; del patrón San Marcos y su leyenda de «Atar el diablo»; de su romería, de sus comidas tan abundantes: «San Marcos, Sanmarquillos y apurar los canastillos», decíamos para poder acabar con tanta comida preparada para ese día; nuestra ermita con su Virgen del Carmen, patrona de nuestra villa, y que tanta devoción tiene; de nuestro lagar con sus marcas de vino Fino Tío Colino y Oloroso Zorzalero, y que tanto conoció él por su padre y porque también trabajó allí; a las muchas alusiones personales que hace, elogiando o exaltando a diversos paisanos que, por alguna circunstancia han destacado, entre los que, inmerecidamente, me incluye a mí, a nuestra Aceña, como reliquia del pasado que aún se conserva y que tantos recuerdos me trae a mí; de las famosas riadas de nuestro río Genil, antes de que se construyera el pantano de Iznájar; de la famosa nevada de mediados del siglo pasado; de sus abuelos; del cementerio; de la barca, tan importante para poder pasar a la vecina localidad de Rute, con la que tanta rivalidad se tenía; el «Chorrillo de los novios», que tantas veces dio mucho que hablar, por la cantidad de jóvenes que quedaron embarazadas tras verlas por esos alrededores; de los «pliegos de cordel», aquellos papeles que adquiríamos a los ciegos que nos visitaban —0,25 céntimos valían—, que contenían romances en los que se narraban los hechos acaecidos en todas partes, sobre todo en Málaga y provincia, y un largo etcétera.

Quiero detenerme un poco en dos poemas que para mí son sumamente interesantes: «Canto al esfuerzo» y «Oda al vino». En el primero hace un recorrido por las distintas faenas agrícolas de nuestro pueblo y las costumbres que iban aparejadas a ellas, según las estaciones del año. Para mí es un auténtico canto al trabajador, que lo retrata de manera extraordinaria en cada uno de sus trabajos del campo, que no conocía ni fiestas, ni días de asueto o descanso. El segundo es un elogio del vino a través de la descripción que hace del largo proceso que hay entre la recogida de la uva y los distintos momentos y faenas del lagar, hasta que llega a nuestras bocas.

Tampoco debemos olvidar sus alusiones a nuestra gastronomía, a la faena de las eras, antes siega, barcina, trilla, aventar, etc., hoy desaparecidas con la labor de la cosechadora, de nuestro famoso puente de Armiñán, inaugurado por mi abuelo Juan Sánchez Luque, cuyo nombre lleva el bar del pensionista, por la gran labor que hizo como «benefactor de Cuevas», como reza en su lápida en el cementerio, por la gran labor que hizo para que los pensionistas cobraran el famoso «retiro obrero», entre otros políticos, que yo cito en uno de mis libros ya citado.

¡Y qué decir de los poemas en los que nos narra la guerra y el miedo a ella, sobre nuestras cruces y su devoción o liturgia en los días de Cuaresma y Semana Santa!

Me parece muy bueno el estudio de investigación y de etimología que hace de su apellido «Algar».

A mi parecer, este libro forma parte de lo que Miguel de Unamuno denominó «intrahistoria». Él afirmaba que había dos tipos de historia: la de los documentos, que están en los archivos y bibliotecas, y la popular o intrahistoria, que permanece en el pueblo que la hace o en el autor del pueblo que la recoge en sus poemas. Esta segunda completa, interpreta y humaniza la primera.

Para comprender la finalidad del libro, terminaré con una reflexión: casi siempre, los sabios han hablado de los grandes temas morales, políticos, filosóficos, religiosos, históricos, etc., pero muy pocos se han ocupado de contarnos algo acerca de las piedras, de los animales, de nuestras costumbres, de nuestros monumentos, de nuestros vecinos, del vino y de los miles de objetos que nos rodean. El mundo es un lugar abarrotado de objetos y cosas y, como decía Cicerón o Gracián, es una pena que el mundo no se percate de ellos, con la maravilla que son. José Algar sí lo hace, y bastante bien.

Antes de terminar, me gustaría aclarar algo que ya hace tiempo lo hice en uno de mis libros que regalé a los vecinos de Cuevas de San Marcos, mis paisanos. Por más que nos duela y que no nos guste, José Algar alude a eso en su libro, nuestro gentilicio es «cuevacho» y no «cuasalteño», con minúsculas, como algunos quieren que se nos denomine. Así figura en los diccionarios históricos y así, también, en los libros sobre Andalucía escritos por Antonio Alcalá Venceslada. Cuevas Altas desapareció el 29 de septiembre de 1806, cuando nuestro entonces párroco y nuestros alcaldes pedáneos solicitaron a la Comisión Real que nos había traído el privilegio de villazgo que, debido a la devoción que este pueblo tenía a San Marcos, se denominase Cuevas de San Marcos. La Comisión lo concedió y, desde el día siguiente, en las actas de la Comisión Real se empezó a denominar Villa de Cuevas de San Marcos. Y, como nueva villa, hubo de ponérsele un gentilicio y, aunque a mí y a muchos no nos guste, nos denominaron «cuevachos». Hay una solución que ya la propuse cuando organicé nuestro II Centenario de Villa Independiente de Antequera: hagamos los trámites necesarios para que nos volvamos a llamar Cuevas Altas o Cuevas de Belda. A mí me encantaría. Entonces, seríamos «cuasalteños» o «beldeños».

Quiero terminar este prólogo con una reflexión que hace Amos Bronson: «Un buen libro es aquel que se abre con expectación y se cierra con provecho». Espero y deseo que se cumpla esta reflexión con la lectura del libro de nuestro amigo y paisano José.

Juan Benítez Sánchez
Catedrático y académico

Preparado y listo estoy
para ir a ese lugar con el que sueño,
a un pueblo que es el mío,
a presenciar,
a ver tocar su banda, un desafío.
Y esa es mi voluntad, también mi empeño.

La del «Maestro Quintana»,
la que con sus cadencias abanica
los árboles de Morana;
sones que con donaire repican
la brisa de una ilusión temprana.

Y tocaron y tocaron
música conocida y casquivana,
y también la de otros lares,
y hasta una canción serrana
de las que otras de postín
tocando no se recatan.
Y la aplaudimos mucho y tanto
como toca a unos artistas
formidables...
... los de la banda,
... la del «Maestro Quintana».

Sobra el título

Centenaria y elegante, acogedora,
placentera y agradable en la penumbra.
Tiene planta y hermosura, mas deslumbra,
como el sol fascinante de la aurora.

Tras sus puertas renace seductora,
crepúsculo sereno que vislumbra
una fe y un misticismo que te encumbra
y te guía por la senda redentora.

La iglesia de mi aldea, a la que sigo
rendido e hipnotizado de por vida,
como alma advertida de un castigo.

Viajero descarriado y sin salida,
busco ansioso y anhelante, como abrigo,
el perdón, la indulgencia consentida.

Canto a Cuevas

Málaga, norte y guía, ¡qué ventana!
Su perfil son sus campos, sus olivos,
sus mieses entre peñas y cultivos.
¡Cuevas Altas! Labranza y barbacana.

Ausente golondrina en su peana
que yo siento cercana por motivos
de amistad, devoción, ¡buenos amigos!,
colegas, camaradas, gente sana.

Del Genil, en su vega recostada,
radiante y retadora cual galera,
con sus velas al viento desplegadas;

no solo se solaza y se supera
en arte y vanagloria consumadas,
sino que, como ejemplo, es la primera.

Es mi aldea un lugar extraordinario,
una perla, una esmeralda engarzada,
brillante como un sol sereno y diáfano,
que en la ladera norte desparrama
sus casas, sus sembrados, las delicias
de esa sierra que al Camorro exalta.
Y las brumas que, en todo tiempo
suben del río hasta la aldea,
con simulado encanto la engalanan.

Eres como una diosa inmortal
que cuidas de tus gentes y sus casas.
Y en la arena, tus huestes son estrellas
de un Olimpo de heroínas alazanas.

Y el valle del Genil ya se mudó
en olivar, mas no en riberas áridas.
Y tus huertas, ¿qué se hizo de tus huertas?
Son ellas las que colman los altillos,
los trojes y despensas de tus casas.

Los campos, ocre y verde, de olivares,
tu impronta sobre ellos sobrevuela,
lo mismo que un navío a la deriva,
galeón que por ese mar navega.

Y sigues siendo tú, la soberana
con tu halo de brillantes,
de pedanías y aldeas:
el Cortijo el Pilar y Mal abrigo,
Montenegro, el Entredicho y la Aceña,
los plantíos del condado,
el Quejigal, el Fraile y las Peñuelas,
las huertas del Romeral
y mil cortijos y haciendas.
No sé cuántos sitios más
coronan tus sienes de emperatriz emérita.

Y me atraen tus calles empinadas,
como pasos de una viacrucis discreta.
El camino por donde tus vecinos
contentos, y a veces mustios, pasean.
Tus barrios son como flores
que a la plaza del pueblo se acercan.

Tus distritos y sus gentes
son lo mejor que tienes, finas perlas
de la tiara brillante y luminosa
que tú, tan orgullosa, a todos muestras.

Y no quisiera olvidar
como la joya más bella
tu iglesia, la parroquia de San Marcos,
que es, fue y será tu santo y seña,
junto al evangelista, tu patrón,
que lo preside todo
desde arriba, en la puerta de tu iglesia.
Él también está en la ermita,
en la grata soledad de la más bella,
tu patrona, la Virgen del Carmelo,
aquella que en verano vitoreas.

A mi pueblo… Miscelánea

A mí me gusta mi pueblo,
con sus calles empinadas,
con sus plazas y paseos,
y sus alegres mañanas
de palique y parloteo.

Me gustan los desayunos
y las tardes de pardeo,
y los aromas cercanos
de molletes recién hechos.

También me gustan sus gentes,
el saludo tempranero
y el caminar despacito,
abstraído en el recuerdo.

Y vuelvo con los aromas,
esas esencias de pueblo
que muy de mañana fluyen
como si fueran regueros;
el fluir de una tahona
con aromas de pan tierno.

Los bollos de esa tahona
huelen como a flor y nata;
fragancia de las mocitas
coquetas y perfumadas
que alardean de figura,
de talle y de buena planta.

Mi pueblo tiene rincones
bonitos y que me encantan,
con sus lugares discretos
y sus recoletas plazas;
como allá en el barrio alto,
donde las mocitas bailan
y cantan coplas de corro,
músicas de zarabanda.

Y cuando llega el invierno
con los fríos y la escarcha,
todos manos a la obra,
que muy pronto habrá cobranza.
Patrones y aceituneros,
todos van a la almazara
para entregar el producto,
los frutos de su labranza.

Tiempo ha, había una plaza,
como en otras, en mi aldea,
adonde los hombres iban,
cual si un sindicato fuera,
para buscar un trabajo,
un empleo, lo que sea;
un curro, como quien dice,
algo…,
y no una mala receta.
Algo que llevar a casa
que remedie su pobreza
y alivie la desventura
de una dura dependencia.

Esa plaza hoy no existe,
la que apiñaba la gente;
trabajadores inquietos,
hombres, obreros pendientes
de un capataz engreído
en cuya mano la suerte

estaba, y así llevaban
a casa lo conveniente;
el salario indispensable,
el pan, la sal… lo corriente.

¿Y esas maneras perviven…?
Ya no así, seguramente,
aunque algunos todavía
han de pasar ese puente.
Y dependen del que manda,
del patrono o de un repente,
que los llamen cada día
a un trabajo que remedie
la estrechez del día a día
y, si es posible, la suerte.

Pero yo sigo diciendo
que a mí me gusta mi pueblo,
aunque tiene sus cosillas,
cosas que tocan de lleno
a la dignidad del hombre,
a la decencia, al derecho.

A su derecho a tener
lo imprescindible, lo justo,
lo vital y necesario
para que, en casa, el disgusto
no se instale para siempre
como infortunio absoluto.

Comprendo que es imposible
vivir siempre en el desastre,
en el naufragio, en la angustia
y en el más puro dislate
que produce la miseria,
las ruindad y el disparate.

Por eso empieza el invierno
con una fiesta pagana.
El nacimiento de un dios
entre animales y pajas
de aquel portal que inventamos
para celebrar las pascuas.

Y entre olivos y cosechas,
sufriendo el frío y la escarcha,
llegamos al carnaval,
de la Cuaresma antesala.
Tienes que olvidar la carne
en el plato y en la cama;
si no, enseguida el diablo
al infierno te reclama.
Y tu actitud reverente
cumplirá en Semana Santa,
llevando todos los pasos,
los que del cielo te caigan.

Entre tormento y martirio,
entre espectáculo y fiesta,
pasa la vida feliz;
si no, feliz entre quejas,
nuestro querido paisano,
el que sufriendo se alegra
y se pone triste, a un tiempo,
en la misma plaza aquella
que sirvió antes de reclamo,
luego de jolgorio y feria.

***

Aceitunas al molino

Pintona en el olivar
de color añil tostado,
se nos muestra seductora
la aceituna en su descaro.
Tiene el brillo y el color
de la piedra del topacio
y la alegría en su piel
de un villancico temprano.
El rocío la hermosea,
la escarcha aún no ha llegado
y los obreros, inquietos,
con lienzos y con capazos
llegan temprano a la finca

para empezar el trabajo;
y grupos, también, de obreras
acompañan en los tajos
a sus iguales braceros
como abejas en los prados.
Esta mañana hay relente,
ya se colocan los fardos,
y los hombres con aperos
al olivo dan de palos.
Ya caen las aceitunas,
primero en torrente largo,
más tarde pausadamente
y luego ya se acabaron
las de este primer olivo.
Pero esperan muchos... tantos
que se nos pierden de vista
y se nos agota el ánimo.
El trabajo siempre es duro,
especialmente en el campo,
donde unos, de sol a sol,
como si fuera a destajo,
se dejan la piel a tiras
hasta haberlo terminado.
Luego la pobre aceituna
—¡del obrero ni te hablo!—
la llevan hasta el molino
en recuas de mulos pardos,
cargados hasta las trancas

con esos pesados sacos.
Y por el camino, alegres,
coplillas les van cantando
a las bestias, que se animen,
que las agota el cansancio.
Ya llegan a la almazara,
pronto en el molino estamos,
descargando las acémilas
y cubriendo los preámbulos
para que el que está en la báscula
les dé peso y resultados
del análisis preciso
para entrar en aquel patio,
donde, de momento, quedan
¡pobrecitas! esperando.
Poco estarán en la zona
de respiro y de descanso,
pues enseguida las llevan
a la tolva del trasvaso,
donde ascienden, entre aguas
cantoras, al empedrado.
El empiedro es el conjunto
de base y rulos rodados,
cónicos por su estructura,
de granito bien picado.
Pues unos picapedreros
en el pasado verano
las piedras con maestría

y celo las trabajaron.
Allí fueron a parar
las aceitunas del patio,
las que, hasta ahora, lucieron
brillantez y desparpajo,
y pronto son engullidas
por un molino inhumano.
Y convertidas en pulpa
caerán en los capachos
de esas prensas del demonio
que las irán estrujando.
Y en esta metamorfosis
dejarán lo más preciado.
Oro líquido, el aceite,
alimento y desencanto
de la aceituna pintona,
que, hasta hace poco en el campo,
brillaba en su lozanía,
en un olivar cercano.
Y mientras, en el molino,
los molineros, bregando,
pelean por desprender
el orujo del capacho.
Cada cosa va a su sitio
y, en tanto que trabajando,
los obreros se desviven
para que, con gran cuidado,
al final de la cosecha,
como si fuera de encargo,

el aceite salga nítido,
puro y virgen, limpio y claro,
y pueda pasar la prueba
del más cauto parroquiano[1].

---

[1]   Con el romance «Aceitunas al molino» he querido hacer una reflexión, muy somera por cierto, sobre cómo era el trabajo en un espacio de tiempo determinado; concretamente, alrededor de los años cincuenta/sesenta del siglo pasado. Bien es verdad que lo que yo puedo contar de ese tiempo es muy relativo y, en buena medida, pura ficción. Pero una parte del relato sí que la viví de cerca, ya que, siendo niño, presencié los trabajos de los picapedreros, a los que conocía por sus nombres e incluso a sus familias a través de mi tío Manolo Raya. También puedo contar, como actor de los hechos, la parte que se refiere a las faenas del molino, en el que participé durante la campaña 1961/62. Respecto de las labores del campo, aquí sí que tengo que reconocer mi ignorancia, si no es por lo que las familias que participaban en la recogida de la aceituna contaban. Ahí queda, por tanto, la parte más personal y penosa, el trabajo duro y riguroso, a veces casi inhumano, de los aceituneros y aceituneras que, como digo, se dejaban la piel a tiras en los tajos.

Semana Santa y pasión

El día asoma radiante,
y ¡vaya! si estoy de humor,
tanto, que digo a mi amiga:
«Contigo me pierdo yo,
contigo y con tus caricias,
¡embeleso, puro amor!».

Dolores se llama ella.
Dolores es mi pasión.
Dolores, amor eterno.
Dolores, pura ilusión.

***

Hoy es Viernes de Dolores,
hoy es Viernes de pasión,
también de gozo y deleite
y de embrujo y de ilusión.

Estamos en primavera,
ya hace días que llegó,
con un tiempo delicioso
premiándonos con calor.

Este año cae en marzo,
vísperas de abril en flor,
con esperanza de lluvias
y calles que, con su olor,
perfuman las procesiones,
los pasos de la pasión.

Los penitentes imploran
poca lluvia y el perdón
para sus fallos y errores,
lo mismo que pido yo.

Voy caminando con ánimo,
con mi vela en procesión.
Y Dolores me acompaña
con su candela encendida,
pidiendo a la Soledad,
Virgen sagrada y querida,
que perdone nuestras faltas
y nos socorra solícita
en este valle de lágrimas,
sombra y sol de nuestra vida.

La primavera acompaña
a todos en su pasión;
a veces, son las fragancias;
otras, muy otras, dolor.
Por eso, en Semana Santa
un recuerdo nos quedó
de cilicio y penitencia,
también de satisfacción.

Semana Santa de pueblo
cofrade en pasos perdidos,
penitentes, nazarenos
y prójimos aturdidos
por itinerarios tales
que propician sacrificios.

Es el día Viernes Santo,
día de la expiación,
el día que en el Calvario
un sacrificio se dio;
el de un cordero inmolado,
¡Dios!, el Mesías, murió.

De noche, a la madrugada
pasa la Virgen llorando
detrás de un hijo que va
en sepulcro y bajo palio,
como rey que se merece
honor, sumisión y acato.

Todas las calles recorre
la Soledad bajo el manto
negro de dolor y duelo,
de sufrimiento y de llanto
por el hijo que calló
bajo el terror más aciago.

Una procesión camina
por la aldea vela en mano,
entre rezos y plegarias,
y una música tocando
marchas fúnebres piadosas,
cofrades que van rezando.

Rezan por el sentimiento
de una madre, sacrosanto
espíritu de tristeza
que se eleva hasta el Calvario,
donde a su hijo unos hombres,
sin más, lo han crucificado.

Todo eso lo recuerdan
desfilando los paisanos,
los que en esa procesión
llevan con fervor al santo
en silencio y circunspectos,
discretos y mesurados.

Transitan plazas y calles
y por la Grama han bajado
y han llegado a la de Tercia.
De San Antonio le han dado
el nombre, porque el de un santo
les suena más atinado.

Solo ella en la ventana
está, porque está esperando
a que pase aquella Virgen,
la Soledad bajo palio.
Es su Virgen favorita,
a la que todos los años
le canta con reverencia
una saeta…
con devoción y entusiasmo.

Ella es la Portuguesa,
Carmen, entrada en años,
pero tan joven de espíritu
que nadie cree notarlo,
pues su voz es limpia y suave`,
y su saeta es un canto
tan espiritual y místico
como el canto gregoriano.

Todos se paran y escuchan
con reverencia y agrado,
pues la Portuguesa canta
recio, con brío y a palo
seco, aunque la noche es fría
y la aurora está asomando.

Ya el desfile continúa
y la voz se está apagando
con matices de nostalgia,
de retiro y desamparo,
porque su Virgen se aleja
y la fe le muda el ánimo.

De la lejanía llegan
murmullos, rumor lejano
que los cofrades repiten
una y otra vez rezando.

Semana Santa de pueblo,
martirio, expiación y canto,
saeta por carceleras;
la Portuguesa cantando
a su Virgen, la más bella,
la que ahora va llorando
detrás del hijo al que llevan
en un sepulcro dorado;
Cristo muerto en mausoleo
y envuelto en blanco sudario.

Alabanzas en silencio

Lo verde sube hasta el cielo,
y en caminos imposibles
el incienso vuela ardiendo
en pebeteros sensibles
de miles plegarias llenos.

Esta mañana llegué
con mi oración y el incienso,
prometiendo rogativas
a la heroína del viento.

A esa sierra que me impone,
Camorro, tajo y tormento,
como si fuera una diosa
perdida en el firmamento.

Cueva, tótem y ascendiente,
talismán a sotavento,
preste luchando valiente
—jaramago y armamento—
que arrinconó, de por vida,
a un demonio violento.

Caballeros que cabalgan
solitarios en su tiempo,
cuando la ilusión erraba
por sendas de desconcierto,

y la leyenda surgió,
de pronto, como un intento
de sobreponer la mente;
¡inquietud y desaliento!

Hoy, desde aquellas pistas,
adoro, clamo y presiento
que un nuevo preste reclame
la autoría de su invento.

Ese que todos los años,
cuando llega cierto tiempo,
en el día de San Marcos,
la gente con un sarmiento
azota y encierra al diablo
en su tétrico convento.
Invención de un pueblo sano,
Cuevas de San Marcos pleno
de resolis y alegrías,
molletes y pan cateto,
tortas y roscos de vino
y alabanzas en silencio.

Fue un jaramago inocente
el que ató al ciego y fiero
demonio de los demonios,
Satanás de los infiernos.

Eso dice la leyenda
y, en la sierra, fuego y trueno
salían de aquella cueva
Su nombre Belda fue luego.

Y el caballero medroso
volvió grupas —febril, presto—
y hacia Castilla marchó,
clamando de trecho en trecho.

Una tropa temerosa,
numerosa y a destiempo
se acercó por si podía
reducir al interfecto.

¡Ay!, que me puede la rabia.
¡Ay!, que me atenaza el miedo.
¡Ay!, que no veo solución.
¡Ay!, que no encuentro el remedio.

Y van pasando las horas
y el leviatán sigue suelto.
Y un fraile, que con la tropa
—altivo, fiero y resuelto
va, compañero de armas
y de amuletos cubierto—,
osado más que animoso,
se enfrenta a un peligro cierto.

Y lo vence y lo ata
con un jaramago tierno.
La bondad y la virtud
logran en cualquier terreno
ventajas sobre maldades,
aunque vengan del averno.

Así fue como aquel fraile
en la leyenda del pueblo,
héroe, pura ficción,
quedó por siempre *in eterno*.

Su nombre quedó en el aire.
Su epopeya, en los aleros
de las casas —golondrinas,
en ellas, nidos pusieron—
de aquellas gentes sencillas
que con la ficción vivieron.

***

A San Marcos

Ya sale de su iglesia bien temprano,
en andas, como debe ir el santo.
Lo llevan costaleros sin quebranto,
alegres y piadosos, al pantano.

Bajando la escalera campechano,
sonríe a todo el mundo con encanto.
En la plaza la música, entre tanto,
fomenta un alboroto casquivano.

Y tú, mi viejo amigo, te complaces,
vagando tu mirada entre la gente
como el pastor atento a su rebaño.

Tus asiduos devotos pertinaces
no dejan de mirarte fijamente
por si, tal vez, la lluvia llega ogaño.

Si otra vez ogaño
tus fieles canturrean como pájaros,
seguro que ventea y llueve a cántaros.

Al león de San Marcos

Cabeza de león,
agreste, desafiante en las alturas,
picaporte y portón
y, al sur, la roca dura;
igual que una muralla es tu bravura.

Frente al río desafiante,
perro guardián y sumiso,
pareces aquel gigante
que en la huerta de Narciso,
ojo avizor dominante,
cuidas nuestro paraíso.

Siempre vigilas la huerta,
el pueblo y alrededores.
No dejas la puerta abierta
por si acaso los tambores
tocan, tan, tan y despiertan
a infieles conspiradores.

Sabes que antiguamente
te vieron con temor y con manía,
por ser irreverente
por bravo y por miopía
de gente que jamás te aceptaría.

Por eso estás presente
en escudos, camisas y bordados.
De todo estás pendiente
e, igual que a tus soldados,
siempre muy atento estás a sus cuidados.

Cuentan que una vez
el sarraceno fue a por tus tesoros.
Cuando llegó, ¡rediez!,
al sitio con sus moros,
tú, igual que aquel Santiago Matamoros.

Tu fiereza y tu valor
notables son y temidos
por todos los del lugar;
también por tus enemigos,
que procuran escapar
cuando oyen tus rugidos.

Y en lo alto del Camorro,
te jactas de tu melena.
Desde la terrible almena,
donde tu voz, que es un chorro,
¡hiela la sangre en las venas!

***

A San Marcos. Romería y leyenda

San Marcos baja despacio
las escaleras del templo;
en andaderas lo llevan
costaleros dando ejemplo
de disciplina y trabajo,
como lo que es, preámbulo
de vela y divertimiento.

Ya sube la calle arriba
con la banda a todo trapo,
tocando música sacra,
y otra, que le gusta al santo,
que es esa musiquilla
tan alegre y divertida
que, al escucharla San Marcos,
parece que despabila
y quiere decirnos algo
con su mirada tranquila.

Cuando llegas a lo alto
de la calle del Pilar,
te suben en el tractor
y no dejas de mirar
a tus locos feligreses
y piensas: «¿Será verdad
que estos, solo me quieren,
solo un día nada más;

el veinticinco de abril,
porque es fiesta de guardar?».

Luego, con mucho fervor,
te pasean por el campo
entre plegarias y rezos,
letanías y rosarios,
porque las aguas de abril
este año no llegaron.
Y vivimos tan sedientos
que recurrimos al santo
para pedirle con fe
que se produzca el milagro.

Que la fe mueve montañas,
dicen que es un axioma.
Por eso, con mucha fe
pedimos que el sol que asoma
desaparezca del cielo
y por un rato se esconda
y deje que aquella nube
llueva lluvia milagrosa
para curar nuestros campos
de esta sed calamitosa.
Y San Marcos nos escucha
y nos llueve agua de sobra,
y cuando al puente llegamos
calados como una sopa,
de nuevo estamos rogando:

«Pase de mí esta penosa
tormenta que me atosiga
y me empapa y me remoja».

Y nunca estamos contentos
con el tiempo que nos toca.
Y mis ruegos se repiten
una y otra vez, y otra.
Cada vez más apremiante,
cada vez más imperiosa
es nuestra súplica al santo
en lo tocante a las cosas
que tienen algo que ver
con la despensa y la bolsa.

Pero el tractor continúa
su marcha alborotadora.
Ya está cruzando la presa
del embalse que rebosa
este año, porque el santo
oyó las jaculatorias
de sus queridos cuevachos
mucho antes de esta hora,
y llovió tanto en los campos
que llenó nuestras alforjas.

Y en llegando a ese lugar
donde, con un jaramago,
o retamas o gayumbas,

todo el mundo «ata al diablo»,
todos buscan el mejor;
un lugar para el descanso,
para pasar un buen día
a la vera del pantano
y comer con la familia
un salmorejo serrano.

La gente cuenta, y no acaba,
de los milagros del santo,
pero entre ellos no cuenta
una leyenda, un relato;
un prodigio atribuido
al arte de un ermitaño
que, con coraje y astucia,
luchó con aquel diablo
al que derrotó y ató
con brotes de jaramago.

***

Gaudeamus y festín en el pantano

Ya preparan las comidas
con avíos de otros años,
con panes de *Ancá* Piqueras,
de la cooperativa
o, a lo mejor, de Galancho.
Ya están con el salmorejo,

con la porra están liados,
que detrás vendrá el cordero,
carnes de chivo y marrano.
Y para regarlo todo,
un yantar tan remojado,
se descorcharán cervezas,
buenos vinos y otros caldos
que llevarán a estas gentes
a un éxtasis renovado.

Cosas para no olvidar
como la rosca, el hornazo
con dos huevos debe ser
los que lleve de reemplazo
que, aunque ya no haya mili,
los huevos son necesarios
para todo en esta vida,
pues hoy es un día de escándalo,
de bulla y algarabía,
entre lo sacro y… profano.

Porque si en la presidencia
siempre está nuestro San Marcos,
en cambio, no es menos cierto
que con la venia del santo
se disfruta de lo lindo
de un real día de campo.

Pero no será este día
ni tampoco en este año
que hayamos podido hacer
tanto espectáculo y tanto
jolgorio como se espera
en un día de San Marcos.

Así pues, se habrán ceñido
solamente a atar el diablo
a las salidas del pueblo
con brotes de jaramago,
al que atan y le dicen:
«Con este nudo te ato».
Y el demonio para siempre
quede atado y bien atado.

***

A nuestro querido San Marcos

Desde un rincón apartado
donde los tuyos te han puesto,
ninguno de ellos ha vuelto
a ver cómo lo has pasado.
Los miras con gran cuidado,
preocupado, como estás,
por su salud y bienestar,
ya que hoy el colesterol
procedente del perol
hasta los puede matar.

Todo aquí me tiene absorto
y solo por ti, ¡Dios mío!,
porque siempre en ti confío,
me contengo y me comporto.
Por eso, ya no soporto
que no me dejes marchar
y escapar de este lugar,
en donde mis feligreses,
como si cantaran preces,
se divierten a rabiar.

Solo piensan en comer,
divertirse y disfrutar,
en conciertos y en gozar
y a todas horas beber.
Solo quieren poseer
el tiempo que les permite
vivir la vida al desquite,
en francachela total,
y de este modo llegar,
desde ahora, al gran convite.

Señor, ¿cómo has permitido
que mis pies estén sujetos,
aprisionados y quietos
en este trono fingido?
Si me ves tan afligido,
¿por qué no puedo volar
y salir de este lugar,

pues ya un martirio sufrí?
Tan solo te pido a ti:
Señor, déjame escapar.

Soy Marcos, el que corrió
de los olivos del huerto
cuando un centurión, presto,
de la manta me cogió.
No fue en aquella ocasión
que pasara tal vergüenza,
ni la situación tan tensa
como la que vivo ahora
que cuando llega la aurora,
peligrosa a ser comienza.

Al pantano hemos venido,
de Iznájar, a celebrar
esta fiesta singular
para encontrarnos contigo.
Marcos, tú eres nuestro amigo,
tú, nuestro santo patrón,
apóstol, predicador
al que nos encomendamos
y con fe el camino andamos,
fiando en tu protección.

Nunca vi una romería
tan exitosa y triunfante,
ni una marcha tan brillante

de carros y algarabía.
Menos mal que en ese día
la devoción sube al cielo
y un breve y tupido velo
cubre de paz y concordia
y halos de misericordia
que te procuran consuelo.

Y una vez la tarde ardida,
detrás del santo, afligidos,
mil feligreses rendidos
lloran en la despedida.
Procesión triste, abatida,
que, entre silicio y quebranto,
no deja de proclamar,
alabar y pregonar
las dignidades del santo
¡Marcos!, al que quieren tanto.

***

Resaca de la fiesta

Pasó el día de la fiesta.
San Marcos en su hornacina
está, porque lo pusieron
los suyos a toda prisa.
Y los cuevachos, felices,
han vuelto a cuidar su finca,

a sus quehaceres diarios,
a sus felices rutinas.
Menos mal que ya pasó
el tiempo, y en la retina
solo te quedó el recuerdo
de una fiesta con sordina.
Una fiesta de tronío, sí,
y, al fin y al cabo, tranquila.

Cuando termina la fiesta,
suele quedar pan y vino,
y los cuevachos ya piensan
en el siguiente domingo,
para quedar y dar cuanta
y apurar los canastillos.
Es costumbre inveterada
esta que ahora les digo,
que un día se ata el diablo
y al otro se hace el camino.

Camino, como decía
aquel poeta querido,
que, aunque no habló de mi pueblo,
sí que, de modo distinto,
a muchos estimuló
a examinarse en sus libros,
y seguirle en los dictados
de su vida y su destino.

Por eso, en meditación
profunda, dentro del nicho,
San Marcos, durante el año,
en todo el año, a sus hijos
no deja de preservarlos
de obsesiones y prejuicios,
de infelices días negros
y de oscuros maleficios.
¿Y cómo se los pagamos
nosotros…,
sus feligreses queridos?
Pues con desgana y pereza,
y a veces con el olvido.

***

Fiesta del Corpus Christi

En lo alto de la calle
de los Molinos han hecho
un altar con muchas flores,
con entusiasmo y respeto.
Y la calle la han tupido
con tanto mimo y esmero
que, de jaras y azahares,
un tapiz alfombra el suelo.
Y un olor muy penetrante
se percibe en todo el pueblo
a mejorana y gayumba,

a tomillo y a romero.
Hoy es el día del Señor,
del Corpus Christi, el primero,
el más brillante del año,
cuando el sol y su concierto
de estrellas y potestades,
más alto, brilla en el cielo.
Y todo cristiano piensa
por eso, solo por eso,
que hay que rezar y cantar
y probar de su alimento.

Entre un altar y el siguiente
han extendido un gran manto
de juncias verdes y espliego,
y de colas de caballo
para que el cuerpo de Cristo
solo pise verdes tallos
tiernos para que su pie
no sufra ningún quebranto.
Por todas las calles va
su Majestad bajo palio,
nuestro Señor caminante
de su gente acompañado.

Altares en todas partes,
en cada calle encontramos
uno o varios monumentos
al Señor sacramentado.

Peregrinación solemne
por las calles del poblado,
de visita a sus vecinos
a todos va consolando.
Dicen que el día más grande
cuando el sol más ha brillado
es el día del Señor
que, con pompa y caminando,
quiere comprobar per se
que sus fieles parroquianos
disfrutan buena salud
en lo anímico, en lo humano.

Como, desde muy chiquillo,
siempre de ti estuve lejos,
en mi memoria no existe,
de Cuevas, ese recuerdo
tan vivaz y tan dinámico,
tan presente y tan enérgico
que me lleve a cavilar
lo grande que, para ellos,
es el día del Señor,
por el fervor y el consuelo
que brinda a sus feligreses,
los que asisten al festejo.
Y a mí, desde la distancia,
me dicen cómo fue aquello:
una fiesta singular
en la que espíritu y cuerpo

gozan, a un tiempo, felices
de tan importante evento.

Solo envidia y desazón
me martirizan por dentro,
mientras veo cómo otros,
decididos y discretos,
aprovechan para ir
el día del Corpus al pueblo;
yo, mientras tanto, encallado,
galeón varado en puerto.

***

A la Virgen que está en la ermita

Pero la ilusión pervive
y, un año más, en verano
llega la de la patrona,
una fiesta con encanto,
con su triduo y sus novenas
y con todo el calendario
repleto de actividades
increíbles y, por tanto,
generadoras de sueños,
utopías de un verano
con el que hoy yo sueño
por si pudiera alcanzarlo.

El de la Virgen del Carmen,
el día más señalado,
cuando las calores matan
y la Virgen cura el daño.
Porque la fe es importante,
mucho más que aquel ensalmo
que nos rezaban de chicos
con sahumerios de mastrantos
y mil oraciones más,
junto al mismo escapulario.

Y a la del Carmen bendita
le pedimos, le rogamos
pasen de mí estos calores,
martirio son de un verano
que no deja de agostar
y de apretar demasiado.

Pero, como digo, llega
su fiesta en el calendario
y la Virgen más que hermosa,
divina, y el hijo en brazos,
pasea como Señora,
luciendo su rico manto
y bendiciendo a los suyos,
devotos del vecindario.

Atrás quedaron calores,
sacrificios y quebrantos,
y novenas a la Virgen
y favores y sufragios,
que ahora llegó la hora
de disfrutar lo acordado;
la verbena y el paseo,
las músicas y los cánticos
y el castillo de los fuegos,
fuegos por todo lo alto.

Pero antes de todo esto,
cuando en procesión andamos,
todos estamos pendientes,
atentos e ilusionados,
siguiendo con alegría
de la doncella sus pasos.
Y la gente canta y reza
y casi besa su manto,
pensando que les hará
mucho bien su sacrosanto
mirar, sereno y tranquilo
de ilusión y de entusiasmo.

Y cuando acaba el desfile,
dentro ya del santuario,
la Señora permanece
en su camerino,
devotamente esperando

con resignación divina
la llegada de otro año.
Cuando sus fieles de nuevo
recuerden que ya ha llegado
el tiempo de nuevas preces
y otra vez y otro verano
vayan a ver a la ermita
a su patrona,
la que con su escapulario
a los suyos los bendice;
corazón inmaculado.

Y el gentío se solaza,
se divierte y, mientras tanto,
pasea por todo el pueblo,
entre indolente y apático,
buscándose compañía
con la que tomarse un trago
en algún bar o terraza
donde pasar un buen rato.

***

Canto al esfuerzo

A mi pueblo yo quisiera
dedicarle algunos versos
y decirle que me gusta,
que me encanta y que lo quiero,

que me atrae y me seduce.
Y decirlo…
eso es lo que pretendo.

A mí me gusta la siega
cuando ya se ha terminado.
Me gusta el gazpacho fresco
y el tocino entreverado,
apretado entre los dedos
con hambre…
de otro tiempo ya olvidado.

Y me gusta la despensa
repleta del aldeano
de viandas que recuerdan
hasta el andar del marrano;
y la gente sudorosa
cuando encierra su rebaño
y festeja los remates
de las labores del campo;
trabajos que, con esfuerzo,
dieron por finalizados.

Y, también, me gusta el agua
del botijo por la siesta,
cuando te apartas del tajo
de segador, y te sientas
y sacas, presto, el tabaco
para echar una humareda,
que tu esfuerzo te ha costado.

Y pienso en aquellas gentes,
aceituneras, que, al tajo,
acuden cada mañana
con el corazón helado
y las manos ateridas
del frío que están pasando;
que cogiendo la aceituna
de los suelos escarchados,
creen que pueden perder
algún dedo de sus manos.

Me gustan las capacheras,
trenzando y tejiendo esparto
para que los molineros
puedan usar los capachos
en las prensas del molino,
y monten los veinte cargos
que les pide el señorito
por un mísero salario.

Todo tiene cara y cruz,
como el cronista de antaño
cuando dijo: «Fue mejor
cualquiera tiempo pasado».

Todo empieza en el otoño
con el primer aguacero.
El agua cala olivares,
las calmas y los senderos,

y el labrador se prepara
para entrar en los barbechos
con su yunta de animales,
con sus tractores y aperos,
y comienza la labor,
promesas de un año nuevo.

Y siembra con tanto afán,
con tanto interés y esfuerzo,
que no quiere ni pensar
en la inclemencia del tiempo.
Pasan días y semanas,
pronto llegará el invierno
y el agricultor no deja
nunca de mirar al cielo;
y las lluvias que no llegan,
ni la escarcha ni los hielos
tan propios, tan convenientes,
tan útiles en enero.

Y la primavera asoma
y ya se acaba el invierno,
y el labrador se estremece
por los vientos de febrero,
porque la lluvia no cae,
porque el terruño está seco
y el pegujar palidece.
Y cuando en abril, por fin,
por fin, cae un aguacero,

ríe, canta y lo celebra
como si fuera un gran premio.
Y, en seguida, viene mayo
con sus chaparrones ciertos,
que parece que le llenen,
de repente, sus graneros.

Pero sigue preocupado
el labrador por el tiempo,
y no deja de mirar
arriba, otra vez de nuevo,
porque la mies está a punto
y, pronto, en cualquier momento
tendrá que coger la hoz
y entrar al tajo, de lleno.
Y barcinar noche y día
los haces de trigo nuevo
para trillar en la era,
y luego aventar con viento
las parvas que sacará
de trigo, avena o centeno.
Y el campesino feliz,
más que dichoso, contento,
ve que terminó la siega
y sus trojes están llenos,
repletos a rebosar
en un año más que bueno.

Pero el labrador no tiene
ni un respiro siquiera.
Porque en agosto los campos
le piden nervio y potencia
para sacar del barbecho
aquello que mereciera
la pena recolectar
y llevar a la despensa:
melones, peras, sandías,
judías, habas, lentejas
y, si tiene agua de sobra,
hortalizas de la huerta.
Por eso, todo el cuidado
lo pondrá en esa parcela,
de donde saca vitualla,
verdura y legumbres frescas.

Que la familia no sabe
de laborables ni fiestas
ni días de medio pelo
cuando el mollete escasea,
y el estómago no entiende
de ficciones ni abstinencias.

Remate de la campaña de vendimia, septiembre del año 1961, en el lagar de las Bodegas San Isidoro, que producían vinos —Fino Tío Colino y Oloroso Zorzalero— de la denominación Montilla Moriles, en la actualidad desaparecidas. En la foto aparecen de izquierda a derecha: Antonio «Montoyo», Juan Porras, Manuel Algar, José «Valentín», Frasco «Chanfaina», Zacarías Reina, el Niño Pedro, Carlos «Characho», Antonio el Molinero, Juan el Quinto y José Algar.

La lagareta en las Bodegas San Isidoro de Cuevas de San Marcos

Trabajaron como mulos
en aquella lagareta.
Asalariados…
peones en un lagar
con sueldos de cuchufleta,
de broma, porque parece
que no pagan ni la ropa,
ropilla que lavan ellas,
las mujeres de esos hombres,
que tan solo, solo esperan
el salario cicatero,
un estipendio de pega.

Doce horas sin parar,
horas y horas sin tregua;
atrapados por la pala,
rendidos por la condena
de trasegar a una máquina
toda la uva que llega.
Los mulos vienen y van,
y en la báscula les pesan
los capachos del sudor,
esfuerzo, vendimia y brega.

Y los de la foto, al tajo
en la descarga de bestias,
mulos cargados, rendidos
por el calor de la siesta;
fuego, apatía, desánimo,
calor que a nadie respeta.
Y el de la pala no para,
y el calor áspero aprieta
sin parar, porque no hay tiempo
que perder en la molienda,
porque en el lagar no hay
tiempo, medida ni tregua.

Ellos son los molineros,
los que en el trabajo, mientras
muelen, muele que te muele,
cantan para obviar sus penas.
Que no es poca pesadumbre
y la labor que conlleva
conseguir, ganar un sueldo,
que, aunque escaso y parco sea,
es necesario, preciso
para la casa que espera.

***

Oda al vino

Desde la viña al lagar,
la uva sufre un suplicio.
La arrancan de su familia
y es su primer enemigo
un hombre entre arisco y fiero
armado con un cuchillo.
Le cortan la yugular,
cae, de pronto, a un cestillo
y a lomos de una mula
la llevan por el camino
en movimiento constante
hasta llegar al martirio.

Cuando asoma por la puerta
de un patio de enredaderas,
piensa que ya terminó
el calvario de sus penas.
Sí que estás equivocada,
pues te espera la molienda
en máquinas que no sienten
en la oscura lagareta.
Con palas, también con horcas,
te transportan a las prensas
y tú ya no te resistes,
porque no te quedan fuerzas.

Te exprimen como una uva,
como eso, lo que eras.
Y tu mosto va cayendo,
corriendo por las regueras
a los trujales que, luego,
cambiarás por la bodega.
Y en esta metamorfosis
obligada y siempre nueva
conocerás que hay en ti
poderes de ciencia vieja.
Y fermentará tu cuerpo
y cambiará tu apariencia,
y un aspecto bien ajeno
animará tu existencia.

Cuando llegue San Andrés,
abrirán esa bodega,
el lugar donde, encerrado,
estuviste en cuarentena.
Y tu olor en el ambiente
inundará de tu esencia
las pituitarias todas,
de todos…
los entendidos que entran
a acreditar de tu estado,
de tu virtud y tu fuerza.
Solo los privilegiados
probarán cómo te encuentras
y emitirán opiniones

y dirán: «¡Qué gran cosecha!».
Y tú estarás muy contento,
porque todos te celebran.

Y hoy, o mañana mismo,
te llevarán a otra celda.
Te meterán en toneles,
en barricas de madera
y envejecerás por meses
en una paciente espera,
hasta que a ese bodeguero
que se oculta en las tinieblas
le parezca que llegó
tu examen, tu día de prueba.

Y todos dirán de ti:
«Es crianza; no, es reserva».
Y orgulloso de ti mismo,
darás lo mejor que llevas:
aroma, deje y taninos,
y sabores madreselvas
y color rubí o pajizo,
según las uvas aquellas
que fueron al sacrificio
cuando rindieron cosecha.
Y hablarán de tu color,
de tu olor y la aspereza
que produce ese gustillo
de tu crianza en madera.

Y ahora llegó la hora
de brindar por tu belleza.
Colorido en la mirada,
sabor y color cereza,
y un aroma de vainillas
y a frutillas de la sierra
y sabores afrutados
y olores de verdes cepas.

Pero la verdad sea dicha:
tiene un gusto que envenena,
que te atrae y te subyuga,
te conquista y no te deja,
ni a sol ni a sombra, vivir
y, en otra cosa, no piensas
que no sea en la alegría
que te invade y te penetra,
si de este vino, una copa
alzas… y brindas con ella.

Los de la fotografía, empezando por la derecha, son: Antonio Garrido, Francisco Guerrero, Antonio Ariza, José Algar, José María López Moyano, Pepe Arjona, Casimiro Porrino y Silvestre Ariza. De pie: Juan Benítez Sánchez, José Molero, Juan Benítez Ruano y Manuel Ruano. No sé si me he dejado alguno o he equivocado el nombre, pero creo que son los que estábamos.

***

Es el año sesenta y uno
del siglo veinte pasado.
En la plena adolescencia,
todos los aquí sentados
disfrutábamos la fiesta:
feria en Cuevas de San Marcos.
Solo ilusión y jolgorio,
y con cero desencanto,

encaraban el futuro
estos alegres muchachos.
Recién fuera de un colegio,
otros de aquel seminario,
campaban por sus respetos
alegrándose y gozando,
tomándose la licencia
de divertirse, de paso,
y tomarse un refrigerio
en un rincón apartado.
Ya pasan sesenta y tres
años de aquel entreacto
en que los doce chavales
alegres y, mientras tanto,
se divierten como saben,
bebiendo y también charlando,
y contándose sus cosas
de mozos bien educados.
Sé que esto no se presta
a ningún bello relato
ni a poesía que llegue
a subir hasta el parnaso,
ese lugar bien sabido
donde solo el más versado
llega con su pensamiento
y con su verbo letrado.

Unos han sobrevivido,
otros atrás se han quedado,
que la vida no tolera
ni soporta al desdichado,
aquel que en plena carrera
su corazón se ha parado.
Y ni juventud ni leches
le importaron un carajo.
Adiós, amigos del alma,
y, a los otros, bien hallados.

***

Mi pueblo tiene prestigio,
ingenio y autoridad.
También tiene un regustillo
de creerse algo de más
que enfrena mal el respeto,
cual si fuera altanería
indebida en la amistad.
En palabras de Manolo,
a quien dedico estos ripios,
las gentes de aquella aldea
sean pobres, sean ricos,
pueden presumir de ser
artesanos con oficio.
Y estudiosos avezados
con diplomas y con títulos,
con talento suficiente

para ser de sus vecinos
alabados y encumbrados
hasta el mismo paraíso.
Por eso, Manolo piensa,
por encima de sí mismo,
que al pueblo y sus habitantes
les debe todo el cariño.
Y, siempre, su pueblo está,
siempre, estará en su camino
y en su alma, cual si fueran
rosas, abrojos o espinos
que alfombran por donde pisa,
una vida y un destino[2].

***

A Juan Antonio, un tabernero increíble

Profesional excelente,
en su taberna es el rey.
A todos sirve y divierte
con su carácter sonriente
y su hacer de buena ley.

Personaje singular
es Juan Antonio, el Mota,
mi amigo que en ese bar

---

[2] En recuerdo a mi primo Manolo, el Serranito.

con su trompeta nos toca
coplas de humor especial
y su mejor chirigota.

Tiene el salero a raudales.
Se porta como si fuera
un hidalgo de Castuera
criado en los Cachorrales.

Respecto de la trompeta,
no te quiero ni contar.
Toca con gusto un cantar
y se guarda la corneta,
lo mismo que aquel juglar
que, imitando a cuchufleta,
hila versos sin parar.

Es todo filosofía
este señor de la barra.
Tiene salero, alegría
y bastante de hidalguía
en su tarea bizarra.

Es el mejor camarero.
Es mi amigo y eso basta
para que yo le visite
en su bar de Cuevas Altas.

Ese bar…
taberna de Los Faroles,
donde Juan Antonio ofrece
arte a su feligresía
y cerveza fresca y fría
en jarras que son primores.
Tiene solera y colores
en su fachada pintada
y su barra acicalada,
retablo de mil amores.
Es rompeolas, el puerto
donde miradas y afanes
se mezclan con los deseos
de los buenos bebedores.

Fuente que mana y porfía
serenamente el almíbar,
licor, jarabe, ambrosía,
envidia de muchos dioses
que se acercan y confían
en ser parte de un festín
donde nunca tienen fin
el placer y la alegría[3].

---

[3] A mi amigo Juan Antonio, alias el Mota, dueño, barman, señor y tabernero del bar de Los Faroles, sito en la calle de Pablo Iglesias, número 29, de la muy ilustre villa de Cuevas de San Marcos, emancipada de la antigua y nunca bien ponderada ciudad de Antequera en el año del Señor de 1806, graciosa concesión hecha por su majestad Carlos IV de Borbón, rey de las Españas. Y para que conste, declaro que escribí la presente en Cuevas de San Marcos el día veinte de agosto del año dos mil trece, a las doce horas y quince minutos en la biblioteca municipal. En la actualidad, ese bar no existe, pero queda el recuerdo vivo y alegre de lo que fue en su día.

Aurora[4]

Estás muy guapa asomada
a esa ventana, de blanco,
de blanco y rosa perlada
de azahares, mil encantos.
Te presiento fascinada
y en abstracción meditando.
Aurora, ¿en qué estás pensando?

---

[4] A mi prima Aurora, deseándole toda la felicidad del mundo.

Espliego, aroma o lavanda,
fragancias de incienso y bálsamo,
todo menos propaganda,
fascinación y arrebato.

Así es la mujer que vi
asomada a aquel espacio,
doncella calma y feliz,
sobresaliente en el cuadro.

Sus ojos claros serenos
eran tiernos y ovalados,
de mirar franco y leal,
traslúcidos y rasgados,
como de mujer fatal,
de un gris acero, velados.

Ya no sé si la ventana
donde se había asomado
tenía reja o barrotes
o celosías de enfado
para evitar las miradas
de atisbos no deseados.

Lo que sí sé es que la joven
—de la que ahora les hablo—
asomada a la ventana
toda ella era un reclamo,
hermosa como ave fénix
de un paraíso soñado.

Reverdecida entre apuntes,
acuarelas sin engaño,
vino a ser como leyenda,
algo que yo me creí,
como cuentas de un rosario
que rezaban soliloquios
en las crujías de un claustro.

Ya no sé qué se hizo de ella
en ulterior noviciado:
si renovó juramentos,
o en su intimidad siguió
sumida en un tierno encanto.

Mientras tanto, yo intuía,
meditaba, mientras tanto
en todas aquellas cosas
que entonces iban pasando
por su mente y por la mente
de cuantos siempre a su lado
vivieron y están presentes;
remembranzas de un pasado.

Y como seres inermes,
corrimos buscando amparo
y tranquilidad. También
sosiego, paz y descanso.

***

En una cena campestre
con amigos de otra etapa
nos reunimos en la Aceña,
en el cortijo, en su casa.
Rafael era el ventero
y Teresa, su fiel ama.
Y junto a ellos, nosotros,
sus amigos…
sus queridos camaradas.

Era de noche y verano.
Era una noche cerrada,
y el calor tan sofocante
que a todos desanimaba.
Y la cerveza del pozo,
servida fría y en jarras,
fue relajando el ambiente
y al final todos charlaban
en animado coloquio
sobre el tiempo y la pitanza.

Hablamos mucho y seguido
de aquello que preocupaba
a alguno de los presentes
y allí centramos la charla
en la mili y el servicio
que prestamos a la patria.

Hablamos con entusiasmo,
pero también con distancia,
pues no siempre fue agradable
en ese sitio la estancia.

Comimos a reventar.
Allí no faltó de nada
y Rafael y Teresa
pródigos fueron de gala.
En su mesa, las perdices,
los chorizos y las salsas,
junto a exquisitos manjares,
nunca, nunca, nunca faltan.
Y qué decir de los vinos,
ellos son música sacra,
¡cena de las de tronío!,
donde su néctar se escancia
con tal culto y ceremonia
que su belleza se escampa.

Todo eso es la poesía
que en esa vigilia larga,
cerca del río Genil,
junto a una aceña cercana,
disfrutamos de esa noche
oscura, pero estrellada,
con un rico arroz de liebre
y deliciosas viandas.

Teresa fue la anfitriona,
la cocinera y el ama,
la que animaba el cotarro
con sus risas y sus chanzas,
y Rafael, que pedía
constantemente su jarra
de vino de las barricas
del lagar que hay en Morana.

«¡Por Dios!, Rafael, mi vida»,
le decía ella con calma.
«Ya está bien de francachela,
vámonos pronto a la cama».

Muy pronto, los invitados
cogen carretera y manta,
cada cual por su camino
y, por sus medios, se marchan;
que las reuniones nocturnas
no se sabe cómo acaban,
ya que primero prometen
tanto que al llegar el alba,
nadie sabe ya por dónde…
por dónde marcharse a casa[5].

---

5   Recuerdo emocionado a mi amigo Rafael, que murió el día de su santo —30 de septiembre de 2011—, de lo cual yo me enteré mucho más tarde, y todavía no he tenido ocasión de expresarle mi pesar y sentimiento a su esposa, Teresa. Sabadell, a 3 de febrero de 2012.

***

A Encarna Lara

La niña surgió del río,
sus aguas le bautizaron
y en sus orillas creció
bañada de luz y bálsamo.
Correteando en el soto,
a la sombra de los álamos,
los tarajes, los laureles
le acompañan en sus ratos
de ocio y de cantinelas
como espíritus alados.
Y el agua pasa de prisa,
y una impresión va dejando
de frescura e insolencia
y de agradable descaro.
Y harinas de aquel molino
llegaron a ser pan blanco,
miel y ambrosía de dioses,
gozo para los humanos.
La noria sacaba el agua
del Genil, dios sacrosanto,
brumoso río de invierno
y peligroso en verano.
Ella a sus aguas acude,
chiquilla de pies descalzos,
y a su percepción arriban

sugestiones y arrebatos
de poetisa que, pronto,
se instalará en el parnaso.

Y en el reino de las musas,
lugar donde trovadores
lidian lances temerarios,
entre ovaciones y flores,
hay hespérides risueñas
a esta joven esperando.

En una ermita, entre palmas,
sube al Olimpo serena
Encarna Lara, la eximia,
reconocida y excelsa.
Allí recibe el laurel
de manos de aquella terna
de magistrados neutrales
de la Real de Antequera.
Luego pronunció un discurso
del que, yo saber quisiera,
las medidas del saber
que Encarna en aquel pusiera.
No pudo ser esta vez,
tal vez, la próxima sea,
aunque espero me perdone,
la vencida, a la tercera.

***

A Ignacio L. Raya

Mirando hacia el infinito
desde ese privilegiado
lugar de luces y estrellas,
camino de Santiago,
mira mirando hacia el cielo
desde el puntal estrellado.

Mi amigo pinta con arte,
embebido, embelesado,
recordando a sus ancestros
y, al mismo tiempo, buscando
en su musa sugerente
al artista enamorado.

Fue su juventud fecunda
en obras de arte abstracto
y, aunque no fuera verdad,
licencias que me he tomado,
sé que pintó con oficio
acuarelas y retratos.

Como todo buen artista,
siempre fue evolucionando
de la pintura a la pluma
y de la pluma al relato;
relato en el que ahondó
para narrar el pasado.

Vive y pasea las nubes,
pinta y relata contando
historias que ya vivieron
los «Capita» y los «Del Campo».
Recuerdos que sobreviven,
evocaciones de Ignacio.

***

A José Repiso Moyano

Me tiene sorprendido en su oratoria,
no sé ni qué pensar cuando le leo.
Si acaso, vislumbrar en su aleteo
recovecos perdidos de mi historia.

De sorpresa en sorpresa, con euforia
navego, me encamino y merodeo,
observando e indagando cuánto leo,
y advierto que me llevan a la gloria.

Es José —buen maestro, sorprendente—
Repiso —su apellido de batalla—
Moyano —el de su madre ¡Dios la asista!—.

Tiene arte —venerable y sugerente—
que brilla y brilla, tanto y no es quincalla,
más bien piedra preciosa y elitista.

***

Antonio Ariza, *in memoriam*

Para mi amigo, toda gloria y honor,
pues se fue, tan de prisa, al paraíso
que marchó sin reparo ni un aviso,
dejándonos transidos de dolor.

Hombre sabio, eminente y luchador,
animoso con su gente e insumiso.
Nunca fue conformista ni remiso
a la tarea diaria de un doctor.

Pero todos, su familia, sus amigos
estuvieron a rendirle el homenaje
de cariño y amistad, tan merecidos,

que sollozos y quejas y gemidos
dieran paso a una paz, pues este viaje
solo tiene a los dioses por testigos.

Dios mío, qué castigo,
que se fue, tan honesto y con dolor,
repartiendo esperanzas con amor.

***

Ana Repullo Sánchez

Ana, brisa adolescente,
animosa y rompedora,
lozana como la aurora
fresca, briosa e inocente.

Tan pequeña y ya escribía
versos osados, sentidos
poemas desinhibidos,
trovas de categoría.

Desde siempre la he seguido
por breñas y vericuetos
en sus saberes coquetos,
incondicional rendido.

Ella se esfuerza y estudia
atesorando laureles,
pendiente de los pinceles
de quien estrofas preludia.

Amistades y laureles
marchan juntas de la mano,
como al canto gregoriano
le acompañan los caireles.

Y en recintos y salones
de academias importantes
suenan palmas rimbombantes,
aplausos y aclamaciones.

Y la niña sube al cielo,
reina de un arte encantado,
arrogante en el estrado
como cisne en pleno vuelo.

Pero los cisnes volaron
quimeras adolescentes,
fantasías sorprendentes
que siempre se recordaron.

Y la niña se fue al huerto
en sabáticos recreos
y, entre juegos y paseos,
espera llegar a puerto.

Ya solo me queda aquello
de darle la enhorabuena.
Ana, que desde su almena,
brilla como en un destello.

***

Tan pendiente de Ana empoderada
estuve y de su lírica egocéntrica
que, a fuer de amable, plena y algo excéntrica,
sin ser de sangre azul es adorada.

Tan atento yo estuve a sus diatribas
y dispuesto a formarme una opinión
que no pude más que una oración
dirigirle a ese Dios que está allá arriba.

Rebelde, transgresora y verdadera,
desobediente, libre y pitonisa,
redactora de versos, imprecisa

trovadora, sutil a su aire, artera;
con pose de felino, igual que fiera
que aguarda en su cubil nada remisa.

Esa es Ana, la brisa
de una iglesia cismática y perjura
que te arrastra a la gloria y la locura.

***

Juan Benítez Sánchez

Estudiantes de un colegio
de curas ¡es lo que había!
y en lo alto de aquel monte

todo era disciplina.
Norma y regla, pauta y método,
camino de una genuina
vocación que nunca estuvo
a la altura de la encina
que sombreaba los patios
de aquella enorme abadía,
construcción de un viejo obispo
de la malagueña villa.
El tiempo pasó entre libros
y entre estudios y capilla
para ver, dándose cuenta,
que el muchacho no tenía
cero, nula inclinación,
más bien otra nueva vida.

Y vaya si fue real
lo que vio y lo que quería,
un futuro de laureles
de recompensas legítimas.
Continuó sus estudios,
coronó filología
y en colegios de prestigio
dio clases…
y consiguió nombradía,
mereciendo y escalando
cátedras con barretina.
Después de eso, la cumbre,
la cima en gastronomía

en Málaga y sus delirios
restauradores de usía.
Y en Antequera la noble
también allí llegaría
a la cima de lo más,
a esa Academia antigua,
real y de nobles artes,
de saberes bien servida.

Y sigue siendo el muchacho,
el que por la galería
del seminario menor
siempre, siempre iba y venía
y andaba en comunidad
en penitencia continua.
De las clases al estudio,
del estudio a la capilla,
del recreo al comedor
y luego a la misma silla,
donde escuchaba con calma
del superior coletillas
enseñanzas que, por cierto,
por siempre le servirían.

Catedrático de peso,
hombre de mucha valía,
principal en mil lugares
en los que su nombradía
es escudo, sal, moneda,
magisterio y disciplina.

Vino a nuestra agrupación
a presentar sus teorías,
cantares de su provincia,
demarcación que es la mía.
Y estuvo más que soberbio,
sobresaliente diría
yo que, como paisano,
toda su charla veía
como lluvia de saberes,
sermón, labia y homilía
del mejor sermoneador
que hubiera visto en mi vida.

Y luego, segunda vez
acudió a la cofradía,
la misma que la anterior
en la que repetiría
por mérito y por saber
y esta vez sobre poesía.
Improvisar de troveros
y bailes que arrancarían
al son de aquellos poetas
del Genil y sus provincias,
las que baña con sus aguas
regando sus hortalizas.
Otra vez sobresaliente
mantúvose en la entrevista.
Más que entrevista fue un curso
el que nos dio en ese día.

Y yo me quedé en suspenso
pensando en la compañía
de un antiguo camarada
que coronó aquella cima
real porque consiguió,
a fuer de voluntarista,
llegar hasta lo más alto,
hasta el lugar que quería.

***

Antonio Porras Cabrera

Y yo, que siempre pensé
como hace mucha gente,
que entre la tropa corriente
nadie descuella *per se.*
Por eso, no imaginé
encontrar a quien pensara
y, por sí, se encaminara
hacia un lugar de excepción
donde con fuerza y tesón
a lo más alto llegara.

El otro día conocí
a un señor más que educado,
formal y considerado,
grave como un zahorí.
Vivía por el Cundí,

en la calle de la Grama,
esa que grita y proclama
los versos de aquel poeta
que, entre los lila, el violeta,
triunfos para sí reclama.

Ninguna otra alusión
quisiera yo que se hiciera,
ni de mi boca saliera
símil ni comparación.
Por lo cual pido perdón
a quien sentirse pudiera
aludido, ni siquiera,
por tan loca semejanza,
ya que abrigo la esperanza
de una lealtad sincera.

Contento sube al estrado
este año el pregonero,
muy contento, esperanzado,
por dirigirse a su pueblo.
Y fue en agosto, en verano,
y estuvo osado y resuelto.
Primero fue un emigrante
hace tiempo, mucho tiempo
y trabajó duramente
como tanta gente hicieron.
Mas él le sacó partido
a su trabajo y su tiempo.

Y al trabajar sin descanso,
también estudió en silencio
y aprovechó día y noche,
no sé si como un poseso;
la cosa es que le cundió
y salió adelante presto.
Más tarde volvió a su Málaga,
cerca, cerquita del pueblo,
y continuó sus estudios
de ATS y enfermero.
Y le pudo la salud
y, en cuerpo y alma, a ello
le dedicó sus trabajos
todos, todos sus esfuerzos.
Poco a poco conquistando,
fue mejorando y subiendo
hasta conseguir llegar
a los lugares que fueron
el destino que en su vida
estaba entre sus deseos.
No hablaré de sus conquistas,
pues ellas tan grandes fueron
que me quedaría corto
si intentara aquí ponerlo
negro sobre blanco armiño,
tal como estaba este pliego.
Fue profesor en la UMA
y allí sigue como emérito,
dando el salario social

como toca a buen maestro.
Pero cuando se jubila,
descubre un talante nuevo,
esa esencia de poeta,
trovador que lleva dentro.
Y escribe tanto que escribe
crónicas viajeras, cuentos
y ensayos y reflexiones,
poemas y pensamientos.

Ya se me acabó la tinta,
ya se me secó el tintero.
Y yo sé que aún me quedan
una y mil cuentas y cuentos
que contar del personaje
que he traído en manifiesto
hasta este lugar sin nombre,
sentencia y emplazamiento
para seres elegidos
de excepcional privilegio.
Y para ser cauteloso
no diré qué tengo seco,
que fue Cervantes quien dijo,
en su apartado primero
del de la triste figura,
que de tanto leer luego
como del poco dormir,
también, a este que escribe
ya se le secó el tintero.

***

Memoria sin sombra

Hay muchos otros que escriben
odas y composiciones
y sesudos memoriales;
también investigaciones
sobre leyendas guerreras
atestadas de emociones.

Pero hay uno especial
que rezuma simpatía,
energía y voluntad
y años… más todavía.

Ya pasó de los noventa,
pero con la mente clara
y el paso firme y seguro,
no titubea ni amaga.

Cuando escribe, como hizo,
«Memoria sin sombra» llama
al libro que de sus manos
salió de buena mañana.

Conmovedor y sublime,
comenta historias que rayan
en la tragedia más vil
que padeció nuestra España.

Hermanos que se destrozan
contra hermanos que amenazan
en una patria común
de fusiles que disparan.

Y, mientras unos a otros
se odian y se delatan,
el enemigo más cruel
entra y nadie se percata.

Quien puede se escapa al campo,
huyendo de las espadas,
pero entonces los fusiles
los fusilan por la espalda.

También a gentes del pueblo
las persigue la venganza.
Y al pie de la misma torre
de su iglesia… allí las matan.

Y nuestro héroe, un niño
con doce años de nada,
cuenta todo cuanto ve,
atento, desde su casa.

***

Al final pasan los años.
Su vida, al final, se acaba,
pero sigue muy presente
su impronta…
y una memoria preclara
admirable y prodigiosa
de la que siempre hizo gala.

Y hasta el final de sus días
fue una persona sensata,
feliz, amable y discreta,
y de lo más acertada.

Por lo que los que a su vera
estuvimos o estuvieron
de alguna forma cercana
solo les cabe una crítica
positiva y atinada.
José Terrón, tal persona
fue buena gente y sin tacha.

Y solo me resta hacerle
un homenaje de traca
y ponerlo allá en lo alto,
en lo más alto que haya,
donde todo el mundo vea:
es persona de importancia,
tanta como él se merece
y que de verdad destaca.

Porque artista sí lo fue,
tanto que con su guitarra
hacía unos soliloquios
de virtuoso de marras
y su música increíble
a todos los fascinaba.

Y por los cuatro costados
sus virtudes rezumaban
arte y valor, maestría
cuando en sus manos sonaba
esa guitarra magnífica
que él tan bien manejaba.

Y se fue tan callandito,
tan discreto y sin palabras,
que dejó a todos sumidos
en una emoción palmaria
de recuerdos compartidos
y evocaciones y lágrimas,
y sentimientos trufados
de tristeza y de nostalgia.

***

Es poeta y trovador

Detrás de un bigote escondido
camina un hombre importante.
Son las nueve y va despacio,
su cortijo está distante
del poblado, un par de leguas…
él las cubre en un instante.
Allí lo espera su amada,
la ilusión del caminante
que, detrás de su bigote,
semeja Quijote andante.
No es deshacedor de entuertos,
pero tiene un alma grande
y nada encuentra imposible,
nada le cambia el semblante.

Siempre camina despacio.
Siempre lleva su sombrero.
El ritmo, el compás le ocupa
su vida y su pensamiento.
¡Ah!, se me olvida decir
que es poeta, es trovero.
Tiene la gracia a raudales,
se le desborda el salero
y si entre gentes se encuentra,
de todos tiene el respeto.
El otro día lo vi
caminando muy sereno.

Venía del entoldado
de la feria de su pueblo.
Le acompañaba su esposa,
Aurora, como un lucero,
que lo guía y lo ilumina
a él, que es un hombre bueno,
y al que en su pueblo lo nombran
por Frasquito Filomeno.

***

Feria 2014, pregón y pregonera[6]

Amparo subió al estrado
con su pregón bien sabido,
yo no sé si conseguido
el sosiego y lo atinado.
Bien es verdad que ella ha estado
tan serena en su sillón
que transmitió su pregón
con tanto arte y salero
que la gente al pregonero
le aplaudieron un montón.

La noche es fresca y serena,
atípica de un verano

---

[6] Dedicado a Amparo Romero Cabrillana, pregonera de la feria, escritora de versos a Cuevas de San Marcos y natural de ese lugar.

al que se le fue la mano
al soplo de la verbena.
Y al ritmo de una cadena
de música pegadiza,
Amparo clama y desliza
sus versos de buen juglar,
con los que quiere cantar
aires de villa castiza.

Habló de sus avatares,
de su vida y correrías,
de sitios y sacristías
y de su casa y sus lares.
Y también de otros lugares
donde su hacer transcurrió
y sus vivencias vivió
con familia y compañeros,
camaradas verdaderos,
que en fraternidad forjó.

Habla a su pueblo con deje
de otro lejano adquirido,
porque de siempre ha vivido
lejos del primer esqueje.
Sin pretender ser hereje
de una iglesia rediviva,
habla y habla muy activa
de su pueblo y sus parajes,
de su iglesia y sus linajes,
que es lo que más le cautiva.

Hoy quiero hablaros de Amparo,
una señora excelente,
cuentacuentos eficiente,
reflexiva, guía y faro.
Es prudente y escritora
de versos, rimas sentidas,
fácilmente transmitidas
a un público muy atento
que, satisfecho y contento,
aplaude educadamente.

***

Recuerdos y más recuerdos…

«De Cuevas soy, allí voy y vengo.
Viva la feria, viva mi pueblo».
Estas fueron las palabras
primeras del pregonero,
quien en la feria de agosto,
en un alarde muy serio,
vino en bonitos mensajes
a decirnos lo que fueron
sus años de mocedad,
de madurez y postreros.
También nos relató historias
del rico y del arriero,
y del maestro de escuela,
de su padre y de su abuelo,

del agricultor paciente,
del ama y del panadero,
de gentes que conoció,
de todos los de su pueblo;
de cuanto pasó en su vida,
de experiencias y recuerdos.
Fueron cincuenta minutos
de atención plena al concierto
que, en su bonito discurso,
nos mantuvo boquiabiertos.

Aunque con mucho calor,
en un agosto increíble
vi pasar, como la mimbre,
en su curso atronador,
un río Genil desbocado,
huyendo hacia el condado
y llevándose el frescor
en sus aguas tornadizas
por un soto de verdor.

Me solazo en sus riberas,
porque en el pueblo no puedo,
no soporto el desenfreno
de sus mil enredaderas.

Otra cosa son las horas
permisivas y entrañables,
pasadas entre amigables
pláticas encantadoras.

Con sus vinos de por medio,
los amigos y la charla
y un incansable brindarla,
obstinado y sin remedio.

A esto último me apunto
consciente y de buena gana,
como quien lleva la pana
y aún no llega a presunto
sospechoso de haber sido
pendenciero en mil reyertas
de pasiones encubiertas
y amores al viejo estilo.

Pero volvamos al pueblo.
Recuerdos del viejo barrio,
calle estrecha y empinada
por donde, ayer, un rosario
de procesiones pasaba;
y gentes de escapulario,
muy devotas, invocaban
los misterios de un calvario,
en una Semana Santa
de niños de parvulario.

Pero en el centro del pueblo
todavía hay un paseo,
justito frente a la iglesia.
Allí iban al recreo

niños y niñas de escuela
con sus mandilones nuevos
y, también, con sus carteras.

Y los maestros pedían
a los niños que no hicieran
aquello que ellos sabían
que no está bien en la acera.

Feria, pregón, pueblo y río
y paseo y calle estrecha,
todo eso, en una endecha,
se convierte en un buen lío.
A todo eso le dio
el vocero, amigo mío,
hijo de José Terrón,
un aderezo, un avío
tan rico y tan sabrosón
que hasta el dios menos glotón
pudo entrar en desvarío
y tragarse el aluvión
de información recogida
durante toda su vida,
la del que nos dio el pregón.

***

Un pregón intrascendente
nos espera.
Un pregón que nadie sabe qué será.
Al comienzo de la feria, una persona
al estrado subirá
y, cogiendo sus papeles,
leerá, leerá y leerá.
Y, de pronto, todo cambia
y la luna brilla más
y una voz alegre y joven
suena como a cascabeles,
cual aguas de manantial.
Y es Conchi, que está a lo suyo
en su lectura cabal
de un ritual aprendido,
de un pregón…
que al público ya comienza
a convencer y a captar.
Es Conchi la peluquera,
la que del pueblo marchó,
porque un camino inseguro
un día se le cerró.

Los aires se renovaron.
Los sentimientos también
y ella cayó en la cuenta
que solo felicidad,
bienestar y placidez
es lo que te lleva al limbo

de una vida de fortuna
y encuentros con tu niñez.

Y de todo este entramado
retoñó una Conchi inmensa.
Te explicó cuanto sabía
de lo que es una feria:
su historia, lo que se hacía
y lo que quedó de ella.

La feria con sus mercados
y sus compras en pesetas,
poco a poco, se extinguió.
Y turrones y casetas
de baile y animadoras
fueron cediéndole el paso
a otros juegos y otras modas
de chavales y parejas
de novios enamorados
e ilusiones volanderas.

Y todo evolucionó
hacia un tiempo diferente
nuevo y también valiente
que a todos emocionó.
Y, en lógica, se avanzó,
ganando la convivencia,
mas con ello la paciencia
mostró su mejor retrato,

feria de agosto y relato,
nuevos tiempos, displicencia.

Y Conchi siguió leyendo
su pregón entretenido,
con esa voz cantarina
y un donaire tan genuino,
que con ganas aplaudió
el público allí reunido;
el relato fue brillante
y el pregón, lindo y florido.

***

Idas y venidas del Genil

Donde siempre había huertas
feraces y productivas,
ahora son olivares
los que causan y originan
ambiciones y esperanzas
de granjeros y familias.
Sus fincas con mucha calma
las trabajan, las vigilan
como a tesoros del alma
que con toda el alma cuidan.

Es la vega del Genil,
el que en sus riberas traza
aventuras y episodios,
lances, deseos de pujanza.

Antes no había pantano,
aquel embalse de Iznájar,
el que regula su cauce,
el que anula las riadas.
Ya el río no se desborda,
ni el fango tiñe sus aguas,
ni peces desesperados
perecen en sus entrañas.
Hoy transcurre sosegado
el río sinuoso en calma,
sin estiajes en verano
ni crecidas extremadas.
Y de su bravura antigua
qué decir, que ya no es brava,
que dejó su juventud
atrás y ahora reclama
una madurez tranquila,
más serena y sosegada.

***

Al rumor de las aguas de Genil
la doncella se asoma y despereza.
Y la brisa alborota en su cabeza
cabellos de dorada miel y añil.

Sus ojos, siempre, miran al hostil
farallón de la sierra y su nobleza,
como alguien que contempla con tristeza
pasados desde torres de marfil.

El león vela y duerme lindos sueños,
arropado por nubes de algodón
y por finos celajes marfileños.

Mientras otros, legiones de aluvión,
preparan escenarios quitasueños,
por si acaso un delirio, una pasión.

El Día de Andalucía la nieve también lo celebró (Cuevas Altas, 28 de febrero de 2013).

Mi pueblo está desconocido.
Cubierto de nieve, es invierno,
un día en febrero, atrevido,
y te puede… y parece eterno.
Melancolía y puro olvido
en los renglones de un cuaderno.

Nunca te vi tan hermoso,
nunca tan blanco, tan níveo,
tan gallardo en el silencio,
tan ensimismado y tímido.

Solo distingo a lo lejos
ese campanario erguido,
solitario entre la nieve,
orgulloso y aguerrido.

Vigilante, como espía,
confidente, en el sigilo
que guarda y aguarda el momento
sin hacer ningún ruido.

Ya se levantan tus gentes,
ya se animan tus vecinos
a luchar con tanta fuerza,
que la meta y el destino
de sus vidas vivan hoy,
como si fuera el principio
de algo nuevo y singular,

de un devenir claro y limpio,
como esa nieve que cae,
blanco candor suspendido.

***

Solo leyendas de pueblo
recuerdo de cuando chico,
leyendas de medio pelo,
ficciones de los vecinos
que contaban a la lumbre
de un candelón encendido.
Eran los años del hambre
en que recuerdos dormidos
se hacían como presentes
recién salidos de un limbo.
Y comenzaba el anciano
como mirando al tendido,
haciéndose el importante
con la ilusión de un chiquillo.
Érase una vez que era,
era un cuento para niños
que también a los mayores
les deleitaba el oírlo.
Era una casa muy grande,
un hogar lleno de críos.
Había muchas estancias
y cámaras y pasillos,
y patios para animales

y escondites donde el chico
se ocultaba y se escondía;
era el juego preferido.
Así pasaban los días
e, igual este que sus primos,
todos andaban colgados,
los nietos y los sobrinos,
en la casa solariega
de unos yayos compasivos.
Y este que os cuenta el cuento
es uno de aquellos niños
que en casa de sus abuelos
con el padre y con los tíos
compartía cuanto había:
mesa, mantel y destino.
No duró mucho la estancia,
que enlaces sobrevenidos
separaron la familia
para formar nuevo nido.
Y las distancias crecieron
y también los compromisos
y nada fue como antes,
pues ya nunca fue lo mismo.
Ya nada tenía gracia,
porque les faltó a los niños
algo tan fundamental
como el calor y el cariño
de aquella madre amorosa,
cálida hasta el infinito.

***

Abuela, querida abuela

¡Abuela, cuánto has sufrido!
Solo te veo por la calle,
de casa en casa, lavando,
envuelta en tu invariable
manta de flecos raídos,
en ese chal de los de antes,
que no abrigaba tu cuerpo,
que apenas llega a evitarte
el aire helado de invierno,
ese frío insoportable.

Tus manos encallecidas
y tu cuerpo oliendo a tardes
de primavera florida,
de jabón de los de antes;
del que llamaban casero,
del que ya no usa nadie.
Y tu pelo, tan canoso
de terciopelo brillante,
que siempre llevas cubierto
por un luto interminable.

Y con tu cuerpo encorvado
por el peso de la pena,
dejaste hace mucho tiempo,

dejaste de ser la reina
de los panales desiertos,
del hogar de tu colmena,
del casón de tu familia,
para trabajar por ella.

Yo solo tengo seis años,
solo juego con la arena
y en mis recuerdos de niño,
en mi mente siempre quedan
tu figura y tu actitud,
tu imagen siempre serena,
fuerte, enérgica, esforzada,
recia, fibrosa y enérgica.

Y cuando te veo venir
por la calle muy ligera,
salgo corriendo a tu encuentro,
que este crío siempre espera
de ti un beso inolvidable,
las caricias de mi abuela.

***

Porque no me canso de recordarte

¿Por qué tuviste que ser,
siempre tú, la que estuviera
con trabajos insufribles,
día tras día, en la brecha?
Tu historia fue deprimente,
dolorosa y lastimera,
tanto al sufrir por tus hijos,
también por aquel que fuera
mi abuelo y tu compañero,
que, a pesar de ser tan bueno,
también, provocó tus penas.
Nunca entendí, como niño,
nunca entendí que cayeras
un día tras otro en la trampa
de una vida tan adversa.
Con trabajos excesivos,
con trabajos que no eran,
nunca fueron los más propios,
para ti, que eres mi abuela.
Nunca salió de tus labios
ni un lamento, ni una queja,
siempre fuiste tan medida,
siempre tan suave y serena
que enamoraste al lucero
y al cielo lleno de estrellas.
Sin embargo, a pie de obra,
aquí en el tajo, en la tierra,

nunca hay misericordia
ni consuelo ni indulgencia.
Para ti solo hay desdichas,
penalidades, miserias,
desventuras e infortunios,
adversidades y penas.
Las lágrimas por tu cara
corrieron igual que acequias,
arroyos que te dejaron
marcada y profunda huella
de la angustia que sufrió
tu vida, tu vida entera.
Siempre te recordaré
como a la mejor abuela,
la que me daba los besos
más dulces que las cerezas.

***

Vagando entre tumbas

Con las velas encendidas
y entre recuerdos vagando,
me vi por el cementerio
como mirando al ocaso.

Y no vi sepulcro alguno
de los que yo iba buscando,
solo cruces y ansiedad,
y tribulación y pasmo;

buscando por todas partes
una señal, algún algo
de anhelos y de esperanza,
con ánimo de encontrarlo.

Pues solo encontrar quería
algún lugar encalado
en el que mi amor, mi anhelo
allí estuviera enterrado.

No lo vi por ningún sitio
y el paraje era tan raro
que ya empecé a sospechar
que mejor no haber buscado.

Pero la ansiedad me pudo,
ese curioseo insano
que me embargó en las pesquisas
hasta ver el resultado.

Fue difícil de entender
cómo un crío preguntando
intentara esclarecer
un asunto tan extraño.

Y siguió entre aquel gentío
importunando y rogando.
¿«Dónde está ese amor que busco
y que no logro encontrarlo?».

Nadie supo qué decirle
ni qué explicarle al muchacho;
un niño tal vez perdido,
pero no descaminado.

Él solo a la conclusión
llegó, luego de pensarlo,
que su amor, su desatino
ya descansa en su santuario.

Juegos y diversión (niños del pueblo de excursión con don Enrique, el cura. Años cincuenta).

Va de leyendas

Bandoleros de teatro,
chiquillería insolente,
muchachos de pocos años,
gente menuda y que siente
una inquietud aturdida
que solo busca el presente
acelerado e intrigante,
aturdido y persistente.

Nunca sabría explicar
cómo excusar la corriente
y atravesar ese río
por las Chaflas y en poniente,

cuando los críos luchaban
por ser el mejor que fuese
a la ribera contraria
de un río tan insurgente.

Pero buscaban los sitios,
zonas en que la corriente
más decidida azotara
su impulso, su afán, su mente.

Por eso, hacia el condado
o en las tres adelfas, frente
al camino que subía
hacia la camorra enfrente,
buscaban lo más expuesto,
peligroso y lo siguiente.
Lugares del río oscuros,
desconocidos y agrestes,
donde solo ellos iban
solo críos a su suerte.

Y apareció don Enrique,
un cura que, de repente,
los guio hacia otros predios,
sitios menos imprudentes.
Y aquí está en esa foto
con mil y un adolescentes,
llevándolos de excursión
a sitios menos agrestes.

Mas llegados a este punto,
cuál será la consecuente
moraleja de este cuento
que nos sirva de vigente
lección, ejemplo y aviso
para el momento presente.
Yo no sabría acabar
sin un recuerdo insistente.

***

Bergantes y aventureros,
adolescentes de escuela
que cada día al paseo
salían buscando juerga.
Y pidiendo a Dios ayuda
para seguir la contienda
de peleas y batallas
de críos que no se arredran.

Y los juegos son lo suyo,
los del trompo y las cometas,
la matraca o la peonza,
como también la rayuela.
Y juegan a las canicas
esas bolas como greda
que lucían en sus manos
sucias, juega que te juega.

Pero son irreductibles,
niños que como banderas
lucen, saltan y encandilan,
que, aunque de varias tutelas,
todos tienen en común
el veneno y la inmodestia.

Y cuando llegan las once
y salen de aquella escuela,
van a la pared de enfrente,
directos con su manguera
a evacuar en multitud,
todos en pura inclemencia,
y la fachada impoluta
la tiñen con sus miserias.

Y luego vuelven al juego,
aprendizaje y escuela,
y a retener lo aprendido
como si mayores fueran,
mayores cuerdos, sesudos,
adultos de triquiñuela.

Y otra vez van a sus juegos,
juegos en las callejuelas,
en donde al salto la mula,
las cortaban sin reserva.
Y de nuevo a lo del trompo
y la gallinita ciega,

y el escondite y las chapas,
las canicas o la cuerda.
Y así seguía y seguía
la vida sin darse tregua.

***

Al pasar la barca...

El barquero tiene prisa
porque la noche se acerca.
Y por la senda que baja
de frente por esa cuesta
no dejan de llegar gente,
arrieros y sus bestias.
Todos entran poco a poco
en la barca de madera
que cruje como una nao
cuando despliega sus velas.
La barca va tan cargada
con la gente y con las bestias
que el agua comienza a entrar
y la maroma se tensa;
por fin, en la otra orilla,
el barquero se serena.
Ya bajan los arrieros,
ya descargan las acémilas
y la gabarra otra vez,
de nuevo, otra vez regresa

para volver y volver
por otros que aún esperan.
Y el barquero esperanzado
para sus adentros piensa:
«Este… el último viaje,
ya se acabó la tarea».

Ya no queda casi nadie,
solo sube una morena
en la barca, y el barquero
se queda embobado al verla.
Tanto que la barca sola
sin timonel atraviesa
la corriente del Genil
y a la otra orilla llega.
Al bajarse la chiquilla,
toma pronto la vereda
que al otro lado del río
en la arboleda se interna.
Y al barquero boquiabierto
con su mirada en la senda
le martillea el cerebro
aquella canción con fuerza:

«Al pasar la barca
me dijo el barquero
las niñas bonitas
no pagan dinero…».

***

El chorrillo de los novios[7]

En el camino que va y viene
desde la Aceña hasta el pueblo,
hay un chorrillo que mana
fría como de un venero,
agua que quita el sentido,
agua que corta el resuello.
Está cerca del torrente
aquel «arroyo del puerco».

Aquellos novios de antes,
los que iban de amoríos
para buscar compañera,
van de cortijo en cortijo
todos los jueves del año,
también, algunos domingos.

Algunos, antiguamente,
transitaban los caminos.
Eran los que pretendían
a las mozas del cortijo
que, más cercano o más lejos,
estaban en su distrito.

---

[7] Esta historia, cuento, leyenda o relato me la contó Antonio Romero Moreno, un amigo del pueblo. Él es un pozo de conocimiento, además de mil historias interesantes como la que acabo de versificar y que a mí me iluminan sobremanera. En este caso a él se la debo.

No sé si era bendita
el agua de aquel chorrillo.
Allí paraban los novios
cuando iban de camino.
Y refrescaban su cara
y su garganta y su espíritu.
Será por eso que llaman
al lugar y a ese sitio
«el chorrillo de los novios»,
donde solo beben agua,
pues la fuente no echa vino.

He pasado no hace mucho
por el lugar que describo.
Ya no mana aquella fuente,
no queda ningún vestigio
de que corriera un arroyo
por lugar tan peregrino.
Así que llegué a pensar
que la historia del chorrillo
tiene poco de verdad
o ya se convirtió en mito.

Yo en mi ignorancia pensé
o, a lo mejor, fui ladino
por cavilar que los novios
paraban en este sitio
para beber y más cosas,
ecos que se lleva el río…

***

Pliegos de cordel

Hoy he cogido un folleto
y he quedado seducido.
Se ha convertido el abeto
en autor claro y conciso
desplegando sus ramones
y con mil explicaciones,
me susurra el contenido.

Unos pliegos de cordel,
aquellos papeles sueltos
que, con historias de ayer,
tocaron al iletrado
que, de pronto aficionado,
ya no dejó de leer.

Me acuerdo cuando los ciegos
andaban callejeando
por callejuelas cantando
relatos bien aprendidos,
que leían de corrido
lugareños y labriegos.

Pliegos sueltos de colores
azules o colorados
Daba igual, verdes, morados,

rimas, versos, trovadores,
los que cantando sus coplas
aquí o en Constantinopla
por pueblos y por aldeas
sorprenden al aldeano
con su trovar castellano
que, a veces, casi bordea
la piedad del culterano.

Cantar, cantinela antigua,
la que supo conservar
todo el saber popular
que la memoria atestigua;
y de cosa tan antigua,
solo cabe el recordar.
Abuelos que en sus recuerdos
se pierden en la manigua
con una memoria exigua
veloz a los desacuerdos.

Y cuando a sus nietos cuentan
historias, dicen, de ancianos
brotan archivos kafkianos,
y con inocencia airean
versos, cantares de gesta,
romances y cancioneros
de los viejos buhoneros.
¡Santo Dios, chicos, qué fiesta!

***

Vivencias de otro tiempo

Apartado, en mi memoria
guardo un recuerdo perenne,
el de un hogar calentito,
casa y nido bien caliente.

Pero si llega el invierno
y viene con mala suerte
—con frío, escarcha y carámbanos,
la estación del aguardiente—,
has de encender pronto el fuego,
candela que el frío ahuyente.

El verano fue una prórroga,
barbacana y contrafuerte,
lugar de recreo y fiesta
y trabajo de valientes.

Allí estaban nuestros juegos.
También la escuela, en paciente
espera, cuando el verano
llegaba pisando fuerte.

Luego venía el otoño
arrasando con lo verde,
y las frías cencelladas

no tardaban en traerte
una sencilla pelliza
de paño pardo y pesado;
¡tenía que durar siempre!

Siempre por la economía,
siempre porque el frío siempre
es como aquel general
que en invierno está presente
y recuerda a sus soldados
que el frío es dañino y muerde.

Y, una vez llegas a casa,
si no hay fuego que caliente,
ya podías empezar
a rezar pronto y ferviente,
y correr a por la leña
al cobertizo de enfrente.

Y cuando enciendes el fuego,
todos estarán pendientes
de qué será o no será
lo que habrá hoy en la fuente,
donde todas las cucharas
irán, una a una, a parar
de manera recurrente.

Ya llega la cocinera,
ya chisporrotea el fuego
ya la sartén está puesta
en las trébedes de hierro.
Los aderezos y el pan,
el aceite y los torreznos,
todo cuece en la sartén
mientras fuera está lloviendo.
Porque no hay migas sin lluvia
ni yantar de puro invierno,
que se precie y no congregue
a una panda con talento.

Y todos, ojo avizor,
ya pronto llega el almuerzo,
mientras que, cuchara en ristre,
procuran tener su hueco
y disputarle la presa
al de al lado, al compañero,
al muchacho que está cerca
y puede llegar primero
a las migas que humeantes
esperan en el caldero.

Así eran aquellas migas,
las que hoy aún recuerdo
y que en mi memoria son
añoranzas de otro tiempo.

***

Con un poquito de aliño,
agua, harina, aceite y sal
y, también, algún cariño,
la cocinera hace un guiño,
y… gachas ¡placer total!

Hoy, como nunca, llueve.
El cielo apunta a diluvio.
Esperemos que no nieve
y que la lluvia sea breve
para gozar del condumio.

Las gachas son bienvenidas
en un ambiente lluvioso
y entre idas y venidas
nada tienen de aburridas.
Gachas… ¡sabor delicioso!

Con coscorrones sofritos
y endulzadas con arrope,
las gachas son como ritos
que nos invitan a gritos
a un ágape con sirope.

Prestos a paladear
un placer incomparable,
nada hay más deseable

¡Gachas!, el mejor manjar.

Se hacen con gracia y arrope
y también con coscorrones.
Se comen soplando y sople
usted, gachas con sirope,
que están buenas de cojones.

***

Un olor persistente
acomete y penetra la vivienda
delicado e insistente,
lo mismo que encomienda
que eleva al paladar sabor y ofrenda.

Sabores y ambrosía,
néctar divino, aromas ostensibles
y el gusto ya intuía
los tan apetecibles
caprichos, borrachuelos increíbles.

Llevan aceite y harina,
y clavo y vino y fermento,
y un gozoso condimento
de alegría cantarina.
Y el júbilo en la cocina
se extiende y todo lo colma
y llena la casa entera

con esa extraña manera
en que deleite y contento
contagia en todo momento
a todos como si fuera
alborozo en movimiento.
Y los borrachuelos salen
de la sartén salteados,
prestos a ser rebozados
de azúcares y canela,
para ser saboreados
en cuanto a la fuente caigan
y se enfríen y distraigan
paladares preparados
a meter por cualquier lado
la mano en aquella fuente
en que cayeron primero;
y antes de que los guardaran,
rápido se los comieron.
Así de buenos estaban
que al paladar le supieron
a gloria y a exquisitez;
no pararon de comer
hasta verle el fondo al plato
que están de buenos un rato;
¡borrachuelos a placer!

***

Versos camperos

Vente, chiquilla, a la era.
Ven conmigo y jugaremos
a aventar parvas al viento.
Y luego al pajar iremos
a juguetear jugando
como chiquillos traviesos.

Vente conmigo a la era,
y observaremos el cielo,
que de noche las estrellas
brillan en el firmamento
como soles de esperanza,
de excitación y deseo.

De día con el calor
y de noche con la fresca,
vagaremos por el prado,
correremos a la alberca
y brincaremos desnudos
en una danza frenética.

Lo mismo que los chiquillos,
miraremos al amor,
como cosa inalcanzable
con ternura y con pasión,
como si un viento inhumano
nos robara la razón.

Vente conmigo a la era,
que esta tarde corre viento
y aventaremos la parva
con mi pala y con tu aliento;
tú estarás la mar de guapa;
yo, seducido y contento.

Iremos los dos a una,
corriendo por el rastrojo,
perplejos y, aunque confusos,
ilusionados y atónitos,
buscando la protección
en increíbles propósitos.

Siempre me acuerdo de aquel
tiempo glorioso y pasado
en que llevamos la magia
cogida, presa en las manos,
igual que si fuera un premio
digno del mejor regalo.

El que nos correspondiera
como al que está enamorado
de una moza de tronío
y se encuentra ensimismado
en sus locos pensamientos
de poeta mal pagado.

***

A pesar de los pesares,
vivo una ilusión activa.
Sigo pensando en presente
y el pasado se me olvida
tanto, que creo conveniente
que, sin vivirlo, reviva
solo aquellas emociones
que en positivo me animan.

El futuro está por ver.
Es un camino de abrojos
que, queriendo o sin querer,
pone una venda en tus ojos
para que no puedas ver
qué hay detrás de los matojos.
Allí se suele esconder
tu memoria tras cerrojos
que entorpecen entrever,
por esta vez, tus enojos.

El pasado ya se fue
y lo veo tan lejano,
tan escondido… Tal vez,
¡no quiero desenterrarlo!,
no sea que vuelva después
a reclamar su legado;
a trabarte y pretender
algo que ya está enterrado.

Solo en el día de hoy
quiero colocar mi meta
y volar esa cometa
sin saber adónde voy.
Seguro de la avioneta
que me lleva y me pasea
por los cielos de mi aldea
en relajación completa.

El pintor en su paleta
se tropezó con la idea
de un campo que amarillea
con gayumbas de etiqueta.
Pero vio que su carreta,
pesadamente y chirriando,
avanzaba suspirando,
sintiendo que su destino
se acaba cuando al molino
entregue su contrabando.

***

No lo he podido evitar

Ayer tarde vi tu foto.
Me despertó de una siesta
larga de muchos años,
tiempos de trabajo y siembra.
Estabas más que preciosa,

una mujer estupenda,
atractiva y sugerente,
y madura a tus cuarenta.
¿Crees que me equivoqué
aquel día en la bodega
cuando con tu damajuana
ibas por vino a la tienda?
No, ¡que no y mil veces no!
Jamás pensé que estuvieras
más hermosa que aquel día,
rubia y con aquella trenza.
Era una mañana alegre.
Yo trabajaba allí cerca.
Ni siquiera me miraste,
pues no sabías quién era.
Pero en mi mente quedó,
foto fija en mi sesera,
tu pelo rubio, tu cara,
tu sonrisa y tu apariencia,
y aquella trenza increíble,
rubia, larga, linda y prieta.
Y en la foto que yo vi,
en esa foto no llevas
la trenza que a mí me hizo
mirarte, ¡feliz sorpresa!
Pero sí que vi tu aura,
tu sonrisa, esa belleza
que tanto siempre me atrajo
y hacía temblar mis piernas.

Y cuando te veo de nuevo
en la foto a tus cuarenta
años, me parece estar
contemplando la belleza,
la madurez, la sonrisa,
mi amor, mi vida, mi estrella.

***

No te fíes de quien te alaba sin mesura.
No te fíes de quien te habla y te exalta
y te unta de jabón, ¡es solo espuma!
Algo busca, ¿qué demanda?
Cuando menos, para sí
está buscando canastillas de alabanzas.
Y las flores por un tiempo te perfuman
y tu cuello luce aún muchas guirnaldas
y no sabes qué pensar.
Pero un día, de manera inesperada,
el silencio, junto a ti, se posiciona;
se acabó la caricia y quien te ensalza.
Esos mimos y agasajos lisonjeros
se mudaron con el viento a otra plaza.

Así de soberbio estaba
aquel pinsapo altanero.
Ya no supe si araucaria
o sencillo pino abeto
era lo que retrataba
en aquel jardín de pueblo.
Solo sé de su belleza,
de su continente… esbelto,
y de la excelente sombra

que le presta al forastero;
al que pasa por su vera
en su caminar primero
por esta villa sin par
a la que amo y venero;
y me atrae tanto que
siempre que puedo frecuento.
Está en la puerta de entrada
de Morana, que es alero
de una calle con sonrisa
que te encamina hacia el centro;
población de buena gente
educada y con criterio.
Ya no sé si a mi pinsapo,
sea araucaria o abeto,
lo confirmará el obispo
poniéndole un nombre nuevo,
porque para mí será
siempre el pinsapo del pueblo.
Pido perdón por la acción,
la de apropiarme lo ajeno,
que yo sé a quién pertenece
este árbol, y al contexto
en el que crece y prospera,
Morana, flor y requiebro.

***

Ausencia durante la pandemia

Este año no hay cosecha
de abrazos y de atavíos.
Tampoco Semana Santa
ni viajes ni extravíos
por callejuelas de pueblo,
donde sufrir y alegrarse
con sentires beatíficos.
No visitaré mi pueblo
ni tampoco a los amigos
a los que ya echo de menos
tanto y tanto…
que es mucho el tiempo perdido.
Mira si será importante,
escucha y dite a ti mismo
que hay algo fundamental
que es la raíz y el destino.
Y no dejes escapar
la relación y los vínculos
con los tuyos y tu aldea
y con todos los vecinos
de ese pueblo que es el tuyo,
sin olvidar el camino
de ida y vuelta que haces
cuando vas al domicilio;
ese otro al que tan lejos
ves y, a un tiempo…
ves tan cerca y tan querido.

***

De verde y elegante, distinguido,
de acero y animoso el caballero
en el río Genil, tal vez, primero
y en Cuevas de San Marcos revestido.

Por don Luis de Armiñán, enhiesto, erguido
de mil piezas, remaches, levantado
lo mismo que en París, Eiffel, mostrado,
puente y torre, de igual modo, construido.

Llegando a ese puente, ¡qué emoción!,
mas te inquietas con una y mil preguntas
y, a un tiempo, tú lo piensas y barruntas:
«Qué gozo haber llegado, ¡qué ilusión!».

Tanta que, percepción tan seductora,
te arrebata de forma atronadora.

Un septiembre de tinieblas

Por la carretera vienen,
la que los lleva hasta el puente,
el que construyó Armiñán
a inicios del siglo veinte.
Ya llega la soldadesca,
armada hasta los dientes.
Dicen que son malhechores,
casi todos procedentes
de cárceles de la zona,
de prisiones diferentes,
enviados en vanguardia
para romper este frente;
carne de cañón al fin
soldadesca, mala gente.

En la era los esperan
un grupito de valientes
que con unas escopetas
piensan parar prontamente
la maquinaria de guerra
que sube por la pendiente.

Poco duró la batalla
entre desigual partida;
eran pocos resistentes,
muchos más los que subían.
Así que la desbandada

muy pronto estuvo servida.
Y cuando llegó la tropa
al pueblo y sus cercanías,
como fieras se aplicaron
a una cruel carnicería.

El pueblo quedó desierto,
los hombres al campo huían.
Mujeres, niños y viejos
en sus casas se escondían,
y la chusma soldadesca
que a todos los perseguía,
arreando los acosa,
a cualesquiera en su huida.

Un viento helado recorre
el pueblo como un fantasma.
Es la muerte la que acecha
apuntando con un arma
a todo aquel que se mueva
por este erial de escarcha.

***

Perros que aúllan amenazadores,
canes montaraces en campo abierto,
chacales que asesinan, despiadados,
crueles, ávidos de sangre, violentos.
Ardor guerrero, implacable y brutal,

venganza, rabia inhumana y desprecio.
Hombres que se portan peor que fieras
que tan mal no se llevan ni de lejos.

Lejanos los disparos de fusiles,
soldados poseídos por la rabia,
hombres, como animales acosados,
familias perseguidas, despojadas,
escondidas y ocultas en la sombra,
temerosas, medrosas y aterradas.
Y no saben qué hacer en tal aprieto:
si arriesgar la vida, o eludir la trampa.

Diecisiete inocentes abatidos,
diecisiete en aquella fosa insana,
entre ellos, padres, hijos y maridos,
entre ellos, también una preñada.
Y hermanos como locos por las calles
en un grito, ¡venganza! solo claman.
Solamente un dios rancio y vengativo
tolerara y aguantara tanta infamia.

A lo ancho de la calle solo se oye
el gemir acompasado, voz lejana
de una madre que, llorando por sus hijos,
ya no halla desahogo ni esperanza.
Mujer, llora por ellos que se fueron
con pesar, con pesadumbre y con rabia.
Llora y grita y suspira y gimotea
sin consuelo, hasta quedarte sin lágrimas.

Y el tiempo, que al final lo cura todo,
esta vez no permitió que la templanza
acompañe a esta pobre viuda y sola,
y su vida convirtiose en una trampa,
escarnio tan severo y permanente
sarcasmo y burla, afrenta a ultranza.
¿Cuándo, por fin, saldremos de este pozo?
¿Nunca absuelta veremos nuestra causa?

Yo no sé si algún dios tuviera cura
y de ella se doliera y escuchara
los lamentos de esta pobre criatura;
solo el tiempo, sospecho, la curara,
solo así no le alcance la locura.

***

Abuelo Antonio Senciales,
mi desconocido abuelo,
al que, héroe a la fuerza,
lo mataron por ser bueno.
Por ser un hombre de bien,
él, que nunca tuvo miedo.
Él, que pensó que la guerra
no iba con él ni de lejos,
ya que de pies a cabeza
fue un señor, un hombre recto.

Trabajador y esforzado
hacendoso y arriero
de los que hasta Vélez-Málaga
hacía el camino entero,
llevando en cada viaje,
de útiles, todo aquello
que les produce ganancia
que les sirve de provecho.
Y, a veces, hasta volvía
con productos de aquel puerto;
sardinas y boquerones,
pescado, pescado fresco.

Pero un día triste, aciago,
un día nublado, incierto,
en una finca olvidada
en aquel lugar siniestro
lo fusilaron con otros
y allí lo dejaron muerto.

Con otros muchos quedó,
miles y miles, muy quietos,
mirando hacia las estrellas
con los ojos muy abiertos.
Esperando la memoria,
la evocación y el recuerdo
de los suyos que algún día
deshicieran el entuerto;
y a hombros y con orgullo

de héroes de otro tiempo
recogieran sus despojos
y en procesión, como un reto,
los pasearan a todos
con honores por el pueblo.
Tarde, pero al fin llegó:
¡viva en paz entre los muertos!

Sin embargo, a estas horas,
en una ignota cuneta,
yacen todavía muchos
de aquellos que aún esperan
que el recuerdo haga por ellos
lo que no hizo la clemencia.
Pueblos enteros al sol,
gentes que con sus miserias
viven, malviven expuestos
al relente y la inclemencia.
Años y años clamando
la codiciada inocencia
que no encontraron en casa,
la patria que despereza
después de años de incuria,
de abandono y de indolencia.

De nuevo, otra vez estamos,
otra vez, igual que aquella
Edad del Hierro a la antigua,
otra vez, a la Edad Media.

Y nuestros deudos, que aguardan
que su gente con vergüenza
les devuelvan dignidad,
orgullo y virtud, decencia.
Ya que perdieron la vida
en tan injusta contienda,
no caigan en el olvido
ni su memoria se pierda.

¡Ay!, mis queridos congéneres,
los que dormís bajo tierra
un sueño de sobresaltos,
de sables y de tijeras.
Nunca estaréis tranquilos,
mientras en vuestras cabezas
siga anidando la rabia,
la cólera y la violencia.
Y esta sociedad que os debe
una sincera respuesta,
no podrá vivir en paz,
mientras clava las espuelas
al caballo desbocado
de la saña y la soberbia.

Lo dicho, dicho está, como si alguien del pueblo
es quien habla de sus penas (15 de septiembre de 2010)

Las Tres Marías

Gritaron las Tres Marías
cuando a su altura llegaron
las suplicantes de un coro
que, tristes, rosario en mano,
subían por la pendiente
en desconsolado llanto.

Y volvieron a gritar,
presas de recelo y pánico
al ver que una turbamulta,
so capa de solidario
tren de merecimientos,
no prometía oraciones,
aunque llevase un breviario.

Así que, camino arriba,
todos rezando el rosario.
Parecía que pedían
no sé qué más y…
¿Hasta cuándo
sus rezos reportarían
un imposible reclamo?

Ese fue el peor momento,
el de vivir esperando
padecimiento y martirios,
adversidades… calvario.
Y el calvario lo tenían
delante, la cuesta andando.
No era la turbamulta,
sino el viacrucis diario,
inusual peregrinaje,
infrecuente y desusado.

Infrecuente por el día,
ya que no era Viernes Santo,
ni la semana anterior,
ni alguna que, en adelanto,
se celebrara una octava
ni siquiera de San Marcos.

Y volvieron a mirar
aquel tropel de cristianos
que rezaban padrenuestros

por un sendero empinado
y avemarías y glorias
con un rosario en sus manos.

Así que, las Tres Marías
al fin de gozo saltaron
con el corazón henchido
y el alma en un hilo estando,
porque el miedo no les deja
ni a sol ni sombra, ¡carajo!

***

Algar

Algar, amén de apellido,
es cripta y concavidad,
catacumba y espelunca,
refugio, sinuosidad.
Son asimismo los túneles
sinónimos de oquedad
y, si sigo enumerando,
no quiero dejarme atrás
excavación y covacha,
simas, grutas y demás
subterráneos y cuevas
y guarida en el Torcal,
ese sitio tan extraño
que al ladito de Antequera
tiene semblante lunar.

Y también hay sustantivos
como el de profundidad,
el de aquella madriguera
honda, caverna infernal
en la que quedó algún muerto
que acaso olvidado está.
Y así quedó nominado
antro, cripta y cavidad
como atisbos postergados
igual que los anunciados
almendros por Navidad.

Presume también de Algar
ese río de Alicante
que transcurre entre meandros
de recorrido anhelante
con cascadas pronunciadas,
altibajos y estiajes
que le llevan a ese mar
Mediterráneo triunfante.

Belda, la cueva del pueblo,
espelunca delirante,
socavón de una colonia
de murciélagos que antes
exorcizaban el pueblo,
limpiándolo de habitantes
molestos, ¡crueles mosquitos!,
insectos abominables.

Cubil cargado de historia,
parapeto de un bergante
demonio de los infiernos,
Satanás fiero y tunante
—allí lo citó aquel monje—.
Belcebú, a partir de entonces,
preso quedó en adelante.

Y podría continuar
y no parar ni un instante
de contar sin detenerme
cosas, leyendas de antes,
de las de ahora y de siempre,
que en ese Algar hay talante
para no dejar resquicio
que investigar, Dios mediante,
cuentos, fábulas e historias
de un pasado delirante.

Pasado que siempre vuelve
de modo siempre constante.
Ni un solo día siquiera
dejas de preocuparte;
sean buenas o mal dadas
las fechas que ilusionarte
pudieran por el color
de espejismos y contrastes
que en volandas te llevaron
a un tiempo anterior distante.

Distante en la juventud,
en esa época grande
en que todo se enaltece,
todo toma una apariencia
de locura y de talante
eminentemente lúdico,
alegre, feliz, brillante,
como se espera que sea
en tiempo y sazón cambiante.

FIN

Índice